INTELIGENCIAS MÚLTIPLES

en el aula de español como lengua extranjera

RECURSOS PARA EL AULA

INTELIGENCIAS MÚLTIPLES

en el aula de español como lengua extranjera

Herbert PUCHTA
Mario RINVOLUCRI
María Carmen FONSECA-MORA

Primera edición, 2012

Produce: SGEL – Educación
        Avda. Valdelaparra 29
        28108 Alcobendas (MADRID)

© M.ª Carmen Fonseca-Mora, Herbert Puchta y Mario Rinvolucri
© De esta edición: Sociedad General Española de Librería y Helbling Languages, 2012
© De la edición original en inglés: Helbling Languages, 2005

Directora de la colección: Jane Arnold
Traducción y adaptación del original: M.ª Carmen Fonseca-Mora
Edición: Mise García
Diseño de cubierta e interiores: Alexandre Lourdel
Maquetación: Alexandre Lourdel

Ilustraciones: Pietro Di Chiara, Alexandre Lourdel

ISBN: 978-84-9778-677-5
Depósito legal: M. 11.369-2012
Printed in Spain – Impreso en España
Impresión: Closas-Orcoyen, S. L.

Queda prohibida, salvo excepción prevista en la Ley, cualquier forma de reproducción, distribución, comunicación pública y transformación de esta obra sin contar con la autorización escrita de Helbling Languages. La infracción de los derechos mencionados puede ser constitutiva de delito contra la propiedad intelectual (Art. 270 y ss. Código Penal). El Centro Español de Derechos Reprográficos (www.cedro.org) vela por el respeto de los citados derechos.

All rights reserved. No part of this publication may be reproduced or transmitted in any form or by any means, or stored in any retrieval system of any nature without the prior written permission of Helbling Languages.

*Nos gustaría dedicar este libro a
Howard Gardner,
ya que sin su trabajo pionero
este manual no habría podido escribirse.*

Herbert Puchta
Mario Rinvolucri
M.ª Carmen Fonseca-Mora

Agradecimientos

Agradecemos a Howard Gardner su reacción positiva hacia el contenido de este libro, así como su crítica constructiva.

Asimismo, nos gustaría expresar nuestro agradecimiento a Lucia Astuti y a Markus Spielmann por su propuesta para publicar este libro con la editorial Helbling Languages. Gracias, también, a los colegas de Pilgrims, Canterbury y a muchos otros de talleres realizados de todo el mundo por ayudarnos a comprender mejor la propuesta de Gardner.

Mario quiere darle las gracias a Bonnie Tsai por ser su compañera intelectual a la hora de seguir las implicaciones del trabajo de Gardner en el aula y por proporcionarle información práctica, puntos de vista y consejos.

Herbert le agradece a Günter Gerngross, coautor de varios de sus libros de texto, por ser una fuente de cocreatividad durante muchos años y por su gran inspiración al aplicar la teoría de las inteligencias múltiples en el aula de lenguas extranjeras y a Edith Rainer por transformar la obra desordenada de un aficionado en un todo tipográficamente exquisito.

Carmen le da las gracias a Jane Arnold, catedrática incansable que siempre busca nuevos horizontes para dejar el legado de su trabajo intelectual sobre la dimensión afectiva en el proceso de enseñanza y aprendizaje de las lenguas extranjeras al alcance de la comunidad educativa internacional.

Herbert, Mario y M.ª Carmen

INTRODUCCIÓN

sobre la inteligencia no solo se admitía política e institucionalmente, sino que también era aceptado por el profesorado.

El libro *Frames of Mind* de Howard Gardner (1983, Basic Books; versión española *Estructuras de la mente. La teoría de las inteligencias múltiples*, Fondo de Cultura Económica, 1997) cuestionó el concepto limitado de inteligencia expuesto más arriba. Este autor proponía que la inteligencia se dividía en las siete áreas que se citan a continuación:

LA INTELIGENCIA INTRAPERSONAL

Al trabajar con este tipo de inteligencia, nos centramos y actuamos sobre nuestro autoconocimiento, nuestra autorregulación y nuestro autocontrol. Ejercitamos las habilidades metacognitivas.

En este tipo de inteligencia, el horizonte está donde se encuentran las fronteras del *yo*. Esta inteligencia tiene que ver con la felicidad de ser uno mismo y de conocerse y con la conciencia de los propios sentimientos y deseos.

La habilidad para abstraerse y soñar despierto es característica de este tipo de inteligencia.

LA INTELIGENCIA INTERPERSONAL

Gardner (1983) escribe:

> *La principal capacidad aquí es la* habilidad para percibir las diferencias entre las personas *y en particular, en sus estados de ánimo, temperamentos, motivaciones e intenciones. Analizada en su forma más elemental, la inteligencia interpersonal implica la capacidad del niño para discriminar a las personas que lo rodean y detectar sus diferentes estados de ánimo. Las formas más desarrolladas de este tipo de inteligencia se encuentran en líderes religiosos y políticos (como Mahatma Gandhi), en padres y profesores habilidosos, en profesionales al servicio de la comunidad y en terapeutas, orientadores y chamanes.*

La habilidad fundamental de este tipo de inteligencia es la de ser capaz de escuchar lo que parece que los otros dicen (en lugar de nuestra interpretación o distorsión de lo dicho), ser capaz de conseguir tener buenas relaciones con los demás y ser habilidoso para negociar y persuadir.

LA INTELIGENCIA LÓGICO-MATEMÁTICA

Einstein, reprendido por sus profesores de matemáticas por soñar despierto en clase, escribió lo siguiente sobre sí mismo:

> *Vi que las matemáticas se dividían en numerosas especialidades y que cada una de estas especialidades podía absorber fácilmente el corto periodo de vida que nos*

INTRODUCCIÓN

viene dado. En física, sin embargo, pronto aprendí a separar lo que podía llevarme a lo fundamental y dejar todo lo demás, la cantidad de cosas que abarrotan mi mente y que me desviaban de lo esencial. (Gardner, 1983)

El párrafo precedente proporciona un claro ejemplo sobre la inteligencia lógico-matemática. Einstein utiliza escasas palabras para expresar conceptos complejos con una gran claridad. Este tipo de inteligencia se puede asociar con el «pensamiento científico»; se da muy a menudo dentro de la parte analítica de resolución de problemas: cuando se crean conexiones y se establecen relaciones entre informaciones que pueden parecer separadas, cuando se descubren patrones y cuando nos involucramos en planificaciones, prioridades y sistematizaciones.

LA INTELIGENCIA LINGÜÍSTICO-VERBAL

Mediante la escritura yo existía… Mi bolígrafo se deslizaba tan rápidamente que a menudo me dolían las muñecas. Tiraba los cuadernos escritos al suelo, me olvidaba finalmente de ellos, desaparecían… Escribía por el mero hecho de escribir. No lo lamento. Si me hubiesen leído, habría tratado de gustar, me habría vuelto maravilloso. En la clandestinidad, era auténtico.

Jean-Paul Sartre escribió estas líneas sobre sí mismo a la edad de nueve años y en ellas describe un aspecto de la inteligencia lingüístico-verbal, una inteligencia que está sumamente preocupada por la forma.

Los buenos comunicadores son personas con una inteligencia lingüístico-verbal bien desarrollada, ya que poseen la capacidad de utilizar el lenguaje oral y escrito de forma eficaz y creativa.

LA INTELIGENCIA MUSICAL

La inteligencia musical es la primera que se manifiesta en el ser humano. Estudios médicos avalan que los fetos a la edad de cinco meses son ya receptivos a estímulos musicales externos. Los elementos centrales para procesar un estímulo sonoro como música son la melodía y el ritmo, es decir, la recepción de «sonidos emitidos con cierta frecuencia auditiva y agrupados según un sistema prescrito» (Gardner, 1993: 104).

Compositores y cantantes son ejemplos de personas que tienen muy desarrollada esta capacidad. La música ha sido utilizada en las clases de lengua porque facilita el desarrollo de la expresión y comprensión lectoras y de la adquisición de vocabulario, ayuda a la pronunciación y actúa como elemento desinhibidor en el proceso creativo de la escritura.

usando las letras de la palabra original produjese tantas palabras en alemán como pudiese, proponía las siguientes:

mein (mi)
Schnee (nieve)
Regen (lluvia)
Ich (yo)
Schirm (pantalla, sábana, cubierta)

El caso de Christopher, documentado en *The Mind of a Savant* (Neil Smith y Ianthi-Maria Tsimpli, 1995, Basil Blackwell) es especialmente interesante, ya que muestra lo limitada que es la inteligencia lingüística por sí misma, sin ninguna influencia en otras áreas de pensamiento. Al chico se le dio un texto en inglés para traducir a otros tres idiomas. Hizo la tarea de forma rápida y «lingüísticamente» bien, a la vez que fracasó completamente en darse cuenta de que el original estaba sintácticamente fragmentado y no tenía sentido. Cualquier persona operando lógicamente, o de una manera más holística, habría declarado la tarea imposible.

3. *Una inteligencia tendrá unas operaciones nucleares identificables*

Estas operaciones nucleares son desencadenadas por estímulos externos o internos que surgen en un cierto punto del desarrollo de una persona. Un ejemplo de esto sería la sensibilidad inicial a la relación entre diferentes tonos en música, dado que atender al tono es una de las funciones centrales de la inteligencia musical.

Otro ejemplo de una operación nuclear es la habilidad para imitar movimientos corporales, una de las operaciones centrales de la inteligencia cinético-corporal.

4. *Una inteligencia tendrá un proceso de desarrollo o historia*

Cada inteligencia se desarrollará en unos estadios identificables mientras la persona evoluciona desde la niñez a la edad adulta. Puede haber periodos críticos durante los cuales la velocidad del desarrollo aumenta. Si no se reciben los estímulos apropiados durante estos periodos, el desarrollo puede detenerse.

5. *Una inteligencia debe poder codificarse en un sistema simbólico*

Dibujar sirve como un sistema de notación para la inteligencia visual-espacial. La música puede escribirse en papel y ha dado lugar a varios sistemas de notación. El lenguaje es principalmente un código: uno primario oral y uno secundario escrito, siendo el lenguaje de signos un código cinético-visual. Las matemáticas tienen conjuntos enteros de sistemas simbólicos. El ballet puede ser representado simbólicamente en papel, una codificación de un aspecto de la inteligencia cinético-corporal. De las siete inteligencias que propone

INTRODUCCIÓN

Gardner (1983), solo las inteligencias intrapersonal e interpersonal están fuera del alcance de cualquier intento de ser codificadas en un sistema de símbolos.

Aunque la lista anterior de criterios para identificar una inteligencia no es completa, resulta suficiente para ofrecer una idea de cómo Gardner define «una inteligencia». Conforme la neurología desarrolle mejores instrumentos para averiguar lo que está ocurriendo físicamente en el cerebro, tendremos más probabilidades de conseguir evidencias sobre cómo cada inteligencia funciona química y eléctricamente.

Aunque es útil por claridad analítica hablar por separado de diferentes inteligencias, en la vida cotidiana frecuentemente usamos varias inteligencias de forma simultánea. Cuando una persona abre su diario personal para escribir sobre un encuentro que tuvo con un colega, normalmente está solo en su habitación y escribiendo para sí mismo. Está utilizando su inteligencia intrapersonal y su diario es una forma de monólogo interno exteriorizado en papel y, mientras escribe, puede especular sobre el encuentro desde el punto de vista de la otra persona, aplicando así su inteligencia interpersonal. Como la expresión de todo esto se realiza a través del lenguaje, está ejercitando también su inteligencia lingüístico-verbal.

Sentimos que en realidad es extraño que una persona realice una actividad en la que aplique solo una de sus inteligencias. Por ejemplo, mientras escribimos estas líneas de explicación de la teoría de las inteligencias múltiples estamos trabajando con nuestra inteligencia lógico-matemática para organizar ideas y ponerlas en orden, la inteligencia lingüístico-verbal para expresarlas adecuadamente y nuestra habilidad interpersonal para juzgar y calcular su efecto en los lectores.

APARTADO 3: LAS INTELIGENCIAS MÚLTIPLES EN EL AULA

Normalmente, los buenos profesores son entusiastas con su materia. Sin embargo, se encuentran a menudo con que su alumnado no comparte su entusiasmo. Por ejemplo, se ha dicho que solo uno de cada cinco profesores de idiomas era bueno en matemáticas cuando fue alumno. Incluso si tuvo la suerte de tener un profesor entusiasta e inspirador, si fue uno de los cuatro quintos restantes, puede que esto no fuese suficiente para hacerle las matemáticas comprensibles y atractivas. Fíjese en lo que Mark Wahl comenta en su libro, *Math for Humans*, al explicar la manera en la que ayudó a una niña con inteligencia visual-espacial a dar sus primeros pasos para hacer frente a las matemáticas:

> Le pedí que hiciera un dibujo en una ficha grande en el que anotara 8+7=15. Le pedí que pintara en otras cuatro fichas otros datos matemáticos. Cuando volvió, cada ficha tenía un dibujo en el que se podían apre-

INTRODUCCIÓN

ciar los símbolos de una ecuación matemática representando el contorno de los árboles, personas, toallas de playa, etc. Miré su primera ficha y le pregunté:

«¿Cuánto es 8 + 7?»

Silencio. Luego dije:

«Es la escena de la playa» y ella contestó inmediatamente: «15».

Acabó con una baraja de fichas artísticas que pronto crearon asociaciones para cada respuesta sin que yo le tuviera que dar pistas sobre la escena. Mi inteligencia lógico-matemática nunca se podría haber imaginado que su mente hiciera esto, pero no fue necesario: la alumna no tuvo problemas con sus apuntes ni con las representaciones matemáticas gracias a su inteligencia visual-espacial.

Este profesor respetaba bastante los puntos fuertes de la alumna, que iban más allá del pensamiento matemático abstracto y así le enseñaba de una manera que, a la larga, le iba a ayudar a darle sentido a los problemas matemáticos que le proponía. La condujo a la inteligencia lógico-matemática a través de su habilidad visual-espacial ayudándola a ver las matemáticas en la vida real.

Pensamos que puede trabajar como lo hacía Wahl, si se encuentra preparado para insertar en su clase de lengua extranjera de manera sistemática actividades planificadas desde esta variedad de inteligencias:

- En parte, la motivación de su alumnado depende de la manera en la que se sientan «guiados» en su clase y en el sentido que vean a las actividades propuestas. Si su manera de enseñar solo se centra en la lingüística, obtendrá buenos resultados únicamente con una minoría de los estudiantes que controlen esta área. Sin embargo, si usa de forma regular ejercicios como los que se proponen en este libro, se dará cuenta de que los estudiantes cuyos puntos fuertes se encuentran en otras áreas distintas a la lingüística, se sentirán más estimulados, desarrollarán un interés hacia su asignatura y querrán conocer más detalles sobre ella.

- Hablando de manera general, tendemos a considerar como inteligentes a aquellos alumnos que muestran un alto nivel en las habilidades lingüísticas y que por tanto comparten la inteligencia que los profesores de idiomas dominan. Si su enseñanza se centra principalmente en el desarrollo de la inteligencia lingüístico-verbal, puede que vea como inactivos, torpes o desmotivados a los alumnos que dominen otros tipos de inteligencias. Utilizar actividades que recurran a una variedad de inteligencias le puede ayudar a considerar mejor los puntos fuertes de estos estudiantes, que de otro modo permanecerían ocultos. En consecuencia, se sentirán más apreciados por nuestra parte, y más cómodos con lo que logran en la clase de lengua extranjera.

INTRODUCCIÓN

- Aunque es muy complejo predecir qué tipo de proceso mental provoca una actividad determinada en las mentes de sus estudiantes, estamos convencidos de que utilizando actividades como las que se proponen en este libro probablemente se mejore la motivación a largo plazo, algo indispensable por el tiempo que supone el proceso de aprendizaje de una lengua extranjera.

Veamos ahora un ejemplo de cómo enseñar un aspecto de la lengua desde la perspectiva de las inteligencias múltiples.

El tema de la unidad era la puntuación. El profesor dividió la clase de alumnos de 13 años de edad en grupos de seis y le dio a cada grupo un fragmento diferente de una lectura, cada fragmento se dividía en dos párrafos cortos. Se les dio 10-15 minutos para trabajar en el texto y generar un sistema de percusión en el que acordaran sonidos específicos y/o acciones para sustituir los signos de puntuación. En cada grupo, un alumno leía en voz alta el fragmento, mientras que los otros cinco reproducían el sonido y/o la acción. Por ejemplo:

La chica miró hacia abajo, «Te quiero»

LECTOR: **La chica miró hacia abajo**

Los cinco del grupo chasqueaban los dedos al unísono
para representar la coma.
El grupo daba una palmada una vez para representar
que se abren las comillas.

LECTOR: **Te quiero**

El grupo da una palmada dos veces para representar
el cierre de las comillas.

Esta actividad ayudó a los alumnos a darse cuenta de que la puntuación no es algo aleatorio dentro de un texto. Realizaron la tarea utilizando sus inteligencias musical, cinético-corporal e interpersonal. El ejercicio propuesto es mucho más efectivo que las largas explicaciones del profesor sobre la función que tiene cada signo de puntuación.

(Para saber más sobre este tipo de ejercicio, véase la actividad 31). Nuestro primer contacto con este ejercicio fue en la University of the First Age, en Birmingham, RU, en un programa que reflejaba el pensamiento de las IM y que fue dirigido a niños pobres procedentes de los barrios desfavorecidos de la ciudad.

En otro ejercicio que se centra en la puntuación y que recurre a la inteligencia intrapersonal se les pide a alumnos de un nivel intermedio bajo que se escriban cartas breves unos a otros y que escenifiquen los signos de puntuación.

INTRODUCCIÓN

Digamos que Laszlo, un alumno húngaro, decide escribir a Lucía, una compañera de Italia, a la que decidió caracterizar con un signo de exclamación (!). Su carta podría empezar:

> *Querida !,*
>
> *Te estoy escribiendo para contarte que me parece sorprendente que seas capaz de decir algo tan alto y tan claro cuando hablas con otras personas. No, no...*
>
> *No me refiero a tu español, me refiero a la manera en la que expresas tus pensamientos, tus sentimientos,...*

Lo que al principio podría parecer un ejercicio más bien raro, ofrece resultados interesantes cuando se hace con una clase entrenada y de un nivel intermedio compuesta de adolescentes o adultos. ¿Qué están haciendo los alumnos mientras escriben este tipo de cartas? En primer lugar, están expresando cosas nuevas sobre sus compañeros a través de la metáfora y, en segundo lugar, están llevando a cabo una profunda exploración sobre cómo entender y usar ese signo de puntuación. (Para un resumen más completo sobre esta actividad, véase *Letters*, Burbidge *et ál.*, 1996, Oxford University Press).

«¡Pero considero que he utilizado durante años las inteligencias múltiples en mi enseñanza!», pensará usted.

Tiene razón y la tiene en al menos dos formas diferentes:

- Ha estado ofreciendo estímulos con las IM a sus alumnos. Por ejemplo, cuando un profesor recurre a *Drama Techniques in Language Teaching* (Maley and Duff, 1978, Cambridge University Press), pone a sus alumnos a realizar actividades como las de recepcionista de hotel, en la que un voluntario hace la mímica de una frase que los demás estudiantes tienen que adivinar y recrear palabra a palabra con precisión. El recurso es el mismo que usa con las inteligencias cinético-corporal y lingüístico-verbal.

- Independientemente de sus intenciones, sus estudiantes han estado utilizando libremente sus inteligencias de distintas formas en su clase. En este sentido, en su clase ha estado siempre presente de forma inevitable un trabajo completo con las IM.

Este libro le ofrece ahora un abanico de actividades que le permite invitar a su alumnado a usar todas las inteligencias.

Para ilustrar esto, veamos una actividad que mucha gente consideraría como básicamente musical, pero podemos observar las diferentes maneras en las que los estudiantes llevan a cabo la tarea que se les propone:

> Los alumnos se levantan y se reparten por el espacio disponible en el aula. Cierran los ojos. Se imaginan una orquesta enfrente de ellos y se convierten mentalmente en su director. Se les pide que dirijan a la orquesta del

INTRODUCCIÓN

fragmento de la música durante tres minutos. Si no les gusta la música clásica, pueden elegir ser el líder de una banda, una estrella del pop u otra cosa.

Las reacciones de una clase fueron las siguientes:

No podía escuchar música, sino que escuchaba algo que vibraba por mi cuerpo. Me movía y me estimulaba (proceso cinético-corporal).

Solo escuchaba música que provenía de algún sitio por encima de mí... no necesitaba moverme en absoluto (pensamiento musical y visual-espacial).

Sí, había música de fondo, pero era consciente de mí mismo, de mi cuerpo y mi respiración (modo intrapersonal y también musical y cinético-corporal).

El problema eran los violines... estábamos ensayando y no podía lograr que entraran a tiempo. Creo que no les agrado (interpersonal).

Estaba en un valle de alta montaña y había nieve en alguna de las montañas. Sabía que tenía que pasar por el torrente pero no veía ningún puente (visual-espacial).

APARTADO 4:
DESARROLLANDO LAS HABILIDADES MENTALES A TRAVÉS DEL TRABAJO CON LAS INTELIGENCIAS MÚLTIPLES

El objetivo principal de este libro es aportar la riqueza del pensamiento de las inteligencias múltiples a los estudiantes de español como lengua extranjera (ELE), y así acelerar, profundizar y, en general, mejorar su proceso de aprendizaje.

Las personas aprenden idiomas mucho mejor cuando se les permite hacerlo dentro del amplio abanico de perspectivas abordadas por las inteligencias múltiples. Pero hay otro beneficio importante de la utilización de las actividades propuestas en este libro: el desarrollo de una gama de habilidades mentales de carácter interdisciplinar que va más allá de la clase de idiomas para llegar a ser una fuerza positiva para mejorar las vidas de sus estudiantes en general.

Para ilustrar esto, nos gustaría analizar tres actividades del libro, enumerando las habilidades mentales y sensoriales que estos ejercicios pueden desarrollar en sus estudiantes.

El ejercicio 14, *Prototipo*, pide a los estudiantes que decidan cómo de cercanos consideran que una variedad de tipos de ave (águila, colibrí, gallina, gorrión, etc.) están de la idea prototípica de «pájaro». Desde el punto de vista del aprendizaje de idiomas, el sentido de este ejercicio es enseñar o revisar un conjunto léxico de una manera interesante que haga uso de las habilidades lógico-matemáticas.

INTRODUCCIÓN

de esta introducción y después probar un par de ejercicios del capítulo 1 con su familia o amigos. Podría elegir una de estas actividades:

Las inteligencias durante tus vacaciones (página 44).

Conoce a tu grupo a través de las IM (página 48).

En el capítulo 3 tiene una amplia gama de ejercicios que invitan a los estudiantes a trabajar en su inteligencia interpersonal. Probablemente esté familiarizado con este tipo de actividades comunicativas de otros muchos libros de recursos para el profesor.

El capítulo 4 le ofrece ejercicios atractivos para los estudiantes más introspectivos, a las personas que suspiran un poco cuando se les pide trabajar en parejas ¡otra vez! Aquí tenemos algo para estudiantes con una necesidad intrapersonal importante. Creemos que ha habido una carencia de este tipo de actividad introspectiva, en la cual a una persona se le permite trabajar con el idioma sin que alguien la supervise o que tenga la necesidad de comunicarse con otros. Los títulos de algunas actividades le darán una idea de las propuestas del capítulo 4:

Imaginando

Concentración en el lenguaje

Cuestionarios intrapersonales

Juegos gramaticales internos

La parte final del libro, capítulo 5, Autocontrol, requiere bastante más de usted y de los estudiantes que las actividades de los apartados anteriores. Las ideas de este capítulo funcionarán mejor en grupos que hayan trabajado bastante juntos y en los cuales se haya desarrollado un clima de confianza.

Para acabar, señalaremos que la **DIVERSIÓN** es fundamental en este libro. Estamos de acuerdo con el poeta Schiller, quien dijo que uno es humano en la medida en que puede jugar, y solo puede jugar en la medida en que es humano. Investigaciones recientes realizadas con ratas han demostrado que tras un día aburrido el sueño no contribuye a recordar lo sucedido, pero tras un día estimulante el sueño contribuye a memorizar más hechos. ¿Es realmente importante recurrir a experimentos neurológicos o a un gigante de las letras alemanas para apoyar la certeza de que la diversión es fundamental para un aprendizaje efectivo? ¡Es un hecho obvio!

Sección 1
Ejercicios generales de las inteligencias múltiples

SECCIÓN 1 ▶ EJERCICIOS GENERALES DE LAS INTELIGENCIAS MÚLTIPLES

1 Presentación a través de las inteligencias múltiples

Haga una demostración hablando en primera persona, sentándose como «su» persona se sentaría e imitando su tipo de voz. Hable sobre «sus» experiencias musicales, métase en el papel.

3 Pida a los alumnos A que se sienten junto a sus parejas y metiéndose en el papel, enseñen a los B la manera que tiene la persona elegida de sentarse, conducir, andar, etc. Pida ahora a los A que sean esa persona y que describan sus conocimientos y habilidades musicales y sus capacidades visual-espaciales. A continuación, pida que describan algunas experiencias en las que expliquen la manera de contar algo a los demás, cómo se sienten interiormente cuando están solos, etc. Dígales que tienen media hora para realizar este *role-play*.

4 Haga un *feed-back* para volver a ver cómo se sienten los alumnos A interpretando su papel.

LECCIÓN 2

Los alumnos B son ahora los que hacen la actividad que hicieron los A en la lección 1. Al final de la clase, deje tiempo para realizar un *feed-back*.

SECCIÓN 1 ▶ EJERCICIOS GENERALES DE LAS INTELIGENCIAS MÚLTIPLES

2 ¿Quién me ha ayudado con mis inteligencias?

CONTENIDO	Expresión escrita
IM TRABAJADAS	Intrapersonal e interpersonal
NIVEL	De intermedio bajo a avanzado
DURACIÓN	30-40 minutos

PREPARACIÓN

Copie la hoja de trabajo de la página siguiente, una para cada estudiante.

EN EL AULA

1. Reparta la hoja de trabajo y pida a los alumnos que la rellenen de forma individual.

2. Ponga a los alumnos en grupos y pídales que comenten lo que han experimentado al rellenar la hoja de trabajo.

3. Concluya con un debate.

TIPOS DE INTELIGENCIA

Los personajes históricos que han poseído los diferentes tipos de inteligencia son:

Lógico-matemática	Albert Einstein
Musical	Wolfgang Amadeus Mozart
Cinético-corporal	Rudolph Nureyev
Lingüístico-verbal	William Shakespeare
Intrapersonal	Diógenes
Visual-espacial	Leonardo da Vinci
Interpersonal	Mahatma Gandhi

También se habla de:

Inteligencia naturalista, es decir la que está en armonía con el tiempo, las estaciones, el crecimiento de las plantas, los animales, etc.

SECCIÓN 1 ▶ EJERCICIOS GENERALES DE LAS INTELIGENCIAS MÚLTIPLES

2 ¿Quién me ha ayudado con mis inteligencias?

Pon las inteligencias más relevantes en los siguientes apartados y completa las líneas con las palabras que se te ocurran al pensar en estas situaciones:

De niño/a era muy bueno en las inteligencias
....
....
....

Entre los 5 y los 10 años estaba motivado/a con las inteligencias
....
....
....

De niño/a me sentía menos bueno/a en las inteligencias
....
....
....

Ahora me siento bueno/a en las inteligencias
....
....
....

SECCIÓN 1 ▸ EJERCICIOS GENERALES DE LAS INTELIGENCIAS MÚLTIPLES

3 De la música a la escultura

CONTENIDO	Expresión escrita
IM TRABAJADAS	Musical y cinético-corporal
NIVEL	De intermedio bajo a avanzado
DURACIÓN	40-50 minutos

PREPARACIÓN

Elija una pieza musical, de 2 a 4 minutos, apropiada para la edad del grupo. Sería aconsejable que fuese una pieza musical desconocida para ellos.

EN EL AULA

1. Para que los alumnos se relajen, haga que cierren los ojos y cronometren un minuto como quieran, excepto mirando el reloj. Pídales que digan «minuto» o «fin» cuando crean que el minuto haya pasado, pero que continúen con los ojos cerrados.

2. Pídales que permanezcan con los ojos cerrados y póngales la pieza musical elegida.

3. Cuando la canción haya finalizado, que cada alumno escriba un párrafo sobre las imágenes que vio mientras escuchó la canción, los olores que percibió, las sensaciones que experimentó, el sueño que tuvo o los pensamientos que le vinieron a la mente.

4. Agrupe a los alumnos de cuatro en cuatro para que pongan en común sus párrafos.

5. Cada grupo debe preparar una «escultura» humana que represente sus sensaciones sobre la música. Las cuatro personas deben formar la escultura y colocarse de manera que puedan aguantar de 10 a 15 segundos.

6. Cada grupo muestra su escultura al resto de la clase.

7. Individualmente, los alumnos escriben un comentario sobre cada escultura.

8. Pídales que peguen sus comentarios por las paredes de la clase para que todo el mundo pueda leerlos.

AGRADECIMIENTOS

Hemos modificado una idea proporcionada por Gill Johnson.

SECCIÓN 1 ▸ EJERCICIOS GENERALES DE LAS INTELIGENCIAS MÚLTIPLES

4 Darle la vuelta a un verso

CONTENIDO	El sonido y sus significados, el ritmo del lenguaje
IM TRABAJADAS	Lingüístico-verbal y musical
NIVEL	De intermedio bajo a avanzado
DURACIÓN	15-20 minutos con una clase avanzada 40 minutos con una de nivel intermedio bajo

PREPARACIÓN

Tenga preparada esta rima en su cabeza:

La princesa está triste, ¿qué tendrá la princesa?
Los suspiros se escapan de su boca de fresa
Que ha perdido la risa, que ha perdido el color

EN EL AULA

1. Escriba la rima en la pizarra y léasela a la clase dos veces. Explique las palabras que no conozcan. Pida a los alumnos que lean varias veces todos juntos las líneas.

2. Quite dos palabras en diferentes partes de la rima y pídale a un alumno que lea las tres líneas, incluyendo las palabras suprimidas. Continúe quitando diferentes palabras y pidiendo a los alumnos que lean el poema entero, hasta que la pizarra se quede en blanco y la clase se haya aprendido el poema. (Compruebe que nadie ha escrito el texto en su cuaderno).

   Este tipo de actividad le permite realizar útiles y numerosas correcciones fonológicas, simplemente señalando lo que se ha leído de manera incorrecta y pidiendo una mejor lectura. Puede hacer que esto sea efectivo sin tener que hablar.

3. Elija a un alumno para que haga de secretario de la clase y pida a los demás que le dicten el poema, pero empezando por el final de cada línea, es decir:

   ¿Princesa la tendrá qué?, triste está princesa la
   Fresa de boca su de escapan se que suspiros sus…

   Todos recitan el poema al revés. (Luego bórrelo).

SECCIÓN 1 ▸ EJERCICIOS GENERALES DE LAS INTELIGENCIAS MÚLTIPLES

4 Darle la vuelta a un verso

<u>4</u> Haga que toda la clase recite los versos empezando por la última línea y terminando con la primera:

<u>5</u> Saque un nuevo secretario a la pizarra. La clase dicta el poema al secretario pero sustituye cada vocal por un silbido. El secretario deja un espacio en blanco para cada silbido.

<u>6</u> Indique a la clase que a la hora de recitar el poema siga estas pautas:
- Suspirando
- Suave pero con voz
- Moviendo los labios pero sin sonido
- Cantando
- Usando los diferentes acentos de España (catalán, madrileño, andaluz, etc.)
- Hablando con un fuerte acento de la lengua materna

AGRADECIMIENTOS

Este ejemplo es una versión reducida de los 33 apartados del ejercicio audiovisual de la obra *On Love and Psychological Exercises*, A. R. Orage, 1998, Samuel Weiser.

SECCIÓN 1 ▸ EJERCICIOS GENERALES DE LAS INTELIGENCIAS MÚLTIPLES

5 Aprender de memoria

CONTENIDO	Interiorizar un párrafo de un texto en lengua extranjera
IM TRABAJADAS	Lingüístico-verbal y cinético-corporal
NIVEL	De principiante a avanzado (también es útil en primaria)
DURACIÓN	Lección 1: 2 minutos con una clase avanzada Lección 2: 10-15 minutos (dependiendo de la longitud del texto)

PREPARACIÓN

Elija y copie un texto que quiera que memoricen. Haga una copia para cada estudiante y otras cinco más.

LECCIÓN 1

Reparta el texto y pida a los alumnos que se lo aprendan de memoria como tarea para casa.

LECCIÓN 2

1. Ponga las cinco copias del texto en la pared frontal del aula y pida a los alumnos que se pongan al principio de la clase.

2. Los alumnos, de espaldas al texto, caminan por el aula mientras recitan el poema en voz baja. Si hay un fragmento que no recuerdan, vuelven a la pared y leen el fragmento que han olvidado.

3. El ejercicio acaba cuando la mayoría de los alumnos hayan llegado a la pared del final de la clase y hayan recitado de manera satisfactoria el texto completo.

NOTA

Algunos alumnos destacados optan por aprender textos cortos de memoria en la lengua meta. Aprender de memoria es el método preferido por los sistemas educativos tradicionales, como por ejemplo en los países islámicos y en China.

Antoine de la Garanderie propone que el hecho de tomar un texto sin sentido crítico y aprendérselo de memoria es una de las cuatro formas principales

SECCIÓN 1 ▸ EJERCICIOS GENERALES DE LAS INTELIGENCIAS MÚLTIPLES

5 Aprender de memoria

en las que los humanos aprenden (para saber más, consulte *Ways of Doing*, Davis *et al.* 1999, Cambridge, páginas 122-124). Según Gardner, aprender de memoria es la opción más importante para aprender una lengua extranjera.

AGRADECIMIENTOS

Esta técnica fue aprendida gracias a Stephan Hegglin, un profesor suizo de una escuela pública que llevaba a cabo experimentos científicos en su clase de inglés.

SECCIÓN 1 ▸ EJERCICIOS GENERALES DE LAS INTELIGENCIAS MÚLTIPLES

6 La autobiografía de mis inteligencias

CONTENIDO	El pasado de los verbos
IM TRABAJADAS	La inteligencia que elija para tratar, más la intrapersonal e interpersonal. En esta actividad, el primer tipo de inteligencia abordado es la cinético-corporal
NIVEL	De intermedio a avanzado
DURACIÓN	Lección 1: 40-50 minutos Lección 2: 40-50 minutos

PREPARACIÓN

Ninguna

LECCIÓN 1

1 Dicte las siguientes preguntas:

- ¿Cuál fue la primera cosa difícil que recuerdo que hice con las manos cuando era muy pequeño?
- ¿Tuve problemas con los botones o con las lazadas de los zapatos o con las cosas que estaban dentro o fuera, delante o detrás?
- ¿Cuáles fueron las primeras canciones con movimientos que escuché en casa o en la escuela?
- ¿Qué me viene a la memoria cuando pienso en la primera vez que esquié, nadé o monté en bicicleta?
- ¿Cuándo y dónde bailé por primera vez?
- ¿He aprendido en los últimos años nuevas formas de bailar?
- ¿De cuántas formas diferentes he nadado, en cuántos lugares y con qué temperaturas?
- ¿Qué actividades practico que se caractericen por tener un sentido importante de equilibrio?
- ¿Cuáles son las tres cosas más difíciles que puedo hacer hoy con las manos?
- ¿Cuáles son mis gestos favoritos?, ¿se parecen a los del resto de mi familia?
- ¿Necesito escribir las palabras para asegurarme de cómo se deletrean?
- ¿Qué actividades he experimentado en las que la conciencia del movimiento ajeno me ha resultado agradable?

2 Agrupe a los alumnos de tres en tres para que respondan y debatan las preguntas.

SECCIÓN 1 ▸ EJERCICIOS GENERALES DE LAS INTELIGENCIAS MÚLTIPLES

6 La autobiografía de mis inteligencias

LECCIÓN 2

1. Recuerde a los alumnos la lección anterior sobre su historia cinético-corporal.

   Explíqueles que van a trabajar con otro tipo de inteligencia y propóngales la inteligencia musical, la lógico-matemática o la intrapersonal.

   Divida la clase en tres grupos según el área con la que vayan a trabajar. Dentro de estos grupos divídalos en tres o cuatro.

   En cada subgrupo, una persona es la entrevistada y los demás se entrevistan sobre sus experiencias pasadas con esta inteligencia.

2. Asegúrese de que todo el mundo tiene oportunidad de ser entrevistado.

8 Las inteligencias durante tus vacaciones

CONTENIDO	Expresión oral
IM TRABAJADAS	Todas
NIVEL	Intermedio
DURACIÓN	30-40 minutos

PREPARACIÓN

Ninguna

EN EL AULA

1. Pida a los alumnos que recuerden unas vacaciones fuera de casa y de las que hayan realmente disfrutado.

    Dicte estas preguntas a los alumnos:

    - ¿Dónde estabas?
    - ¿Cuánto tiempo duraron las vacaciones?
    - ¿Quién fue contigo?
    - ¿Qué tipo de luz había allí?
    - ¿Qué tiempo hizo?
    - ¿Qué temperatura había?
    - ¿Qué sonidos nuevos recuerdas haber escuchado?
    - ¿Viste algo que nunca habías visto antes?

2. Los alumnos trabajan de cuatro en cuatro para contestar a las preguntas que acaban de copiar.

3. Dicte este segundo cuestionario:

    - ¿En qué tipo de lugar viviste?
    - ¿Te olía o te parecía diferente el sitio en el que estuviste cuando volviste después de haberte ido?
    - ¿Fue fácil o difícil aprender sobre el lugar y acostumbrase a él?
    - ¿Qué melodía, letra o música tenías en la cabeza durante las vacaciones?
    - ¿Qué experiencias musicales tuviste allí?
    - ¿Qué diría tu cuerpo si le preguntases sobre el tiempo que pasaste allí?
    - ¿Cuál fue la mejor conversación que tuviste contigo mismo?

SECCIÓN 1 ▸ EJERCICIOS GENERALES DE LAS INTELIGENCIAS MÚLTIPLES

8 Las inteligencias durante tus vacaciones

- ¿Cuál fue el mejor momento que pasaste solo?
- ¿Surgió algún problema que resolviste de forma satisfactoria?
- ¿Qué números fueron importantes durante tu estancia?
- ¿Quién fue la persona más fascinante y / o simpática con la que te cruzaste allí?
- ¿Cuándo crees que pensabas y hablabas con más fluidez?
- ¿Hubo momentos en los que te sentiste realmente en harmonía con el cielo, la tierra y el propio lugar?

__4__ Los alumnos vuelven con sus grupos de cuatro y contestan a las preguntas.

NOTA

El cuestionario propuesto anteriormente con un formato de «dictado reflexivo» resulta bastante práctico para averiguar los pensamientos y sentimientos de los alumnos. La fase de dictado les permite darse cuenta de sus propios pensamientos de forma intrapersonal, antes de tener que expresárselos a los demás en español.

SECCIÓN 1 ▸ EJERCICIOS GENERALES DE LAS INTELIGENCIAS MÚLTIPLES

9 Contradicción

CONTENIDO	El significado aparente frente al implícito
IM TRABAJADAS	Lógico-matemática
NIVEL	Avanzado
DURACIÓN	20-30 minutos

PREPARACIÓN

Ninguna

EN EL AULA

1 Escriba esta frase en la pizarra:

   No hay adjetivos en esta frase corta.

   Espere la reacción de la clase. La palabra «corta» es un adjetivo, así que claramente la frase se contradice como la siguiente:

   Esta frase no es una negación.

2 Pida a los alumnos que cojan un trozo de papel y que le doblen las esquinas y para decorarlo, que hagan tres columnas anchas. La primera columna han de encabezarla con la palabra CONTRADICTORIO, la segunda con NO ESTOY SEGURO/A y la última con la palabra COHERENTE.

   Pídales que anoten las frases que dicte, situándolas en la columna que creen que es la más apropiada.

   - Esta frase termina con un nombre.*
   - Esta frase es de mi puño y letra.*
   - No empieces frases con una conjunción.
   - No uses nunca una palabra larga cuando puedas usar un diminutivo.
   - Mi escritura es perfectamente legible.*
   - Este dictado terminará al final de esta frase.*
   - Evita poner afirmaciones en la forma negativa.

   (Las frases que tienen un asterisco pueden ser o no verdaderas).

3 Pida a los alumnos que trabajen en grupos de tres y que comparen la clasificación de sus frases.

SECCIÓN 1 ▸ EJERCICIOS GENERALES DE LAS INTELIGENCIAS MÚLTIPLES

10 El recuerdo de los objetos

CONTENIDO	Vocabulario, expresión oral
IM TRABAJADAS	Visual-espacial
NIVEL	Intermedio
DURACIÓN	15-25 minutos

PREPARACIÓN

Ninguna

EN EL AULA

1. Pida a los alumnos que trabajen de forma individual y que escriban el nombre de diez objetos que hayan visto últimamente (por ejemplo, algo que hayan visto de camino a clase esa mañana). Coménteles que los ayudará con el nombre de los objetos de los que que no conozcan el nombre en español.

2. Ahora, que cada alumno anote cuándo vio por última vez el objeto y cuándo fue la primera vez.

3. Finalmente, sugiera a cada alumno que tenga una visualización clara y gráfica de cada objeto.

    Agrupe a los alumnos de cuatro en cuatro y solicite a cada estudiante que explique al resto del grupo la manera exacta de su visualización de los objetos y que diga cuándo fue la primera y la última vez que vio el objeto.

SECCIÓN 1 ▸ EJERCICIOS GENERALES DE LAS INTELIGENCIAS MÚLTIPLES

11 Conoce a tu grupo a través de las IM

CONTENIDO	Diagnóstico, en este ejercicio va a poder medir los conocimientos en español del nuevo grupo. Puede que escuche errores u omisiones, pero sobre todo pondrá atención en la manera en la que el grupo se siente dentro de la clase de lengua extranjera.
IM TRABAJADAS	Todas
NIVEL	De intermedio a avanzado
DURACIÓN	Lección 1: 20 minutos Lección 2: 20 minutos Lección 3: 20 minutos

PREPARACIÓN

Prepare una hoja de tamaño A3 para cada estudiante.

Fotocopie un mapa de Europa por cada tres alumnos.

LECCIÓN 1

1. Dé la bienvenida a los alumnos, cierre luego los ojos y comience un pequeño monólogo sobre lo que le gusta o disgusta de la zona en la que vive.

   Ahora, pídales que escriban en media hoja cosas sobre la zona en la que viven. Dígales que lo hagan en español y que podrán elegir si quieren enseñárselo a alguien del grupo o no.

2. Ahora, solicite a cada alumno que coja un trozo de papel y que dibuje las calles del barrio en el que estaba la casa/piso donde vivía antes. (Si siempre han vivido en el mismo lugar, que dibujen solo las calles del barrio).

   Ponga a los alumnos de cuatro en cuatro y anímeles a que cuenten a sus compañeros las diferencias entre el barrio en el que vivían antes y en el que viven ahora.

   Escuche a cada grupo, para así hacerse una idea sobre los puntos fuertes y débiles que tiene cada alumno en español.

3. Pida a cada estudiante que piense en dos personas de su familia a las que le gustaría que conociera el resto de la clase.

   Todo el grupo se sienta formando un gran círculo y el primer alumno le enseña a todos la manera de sentarse y de andar del primer familiar. Des-

SECCIÓN 1 ▶ EJERCICIOS GENERALES DE LAS INTELIGENCIAS MÚLTIPLES

11 Conoce a tu grupo a través de las IM

pués, muestra la manera de sentarse y de caminar del segundo familiar que haya elegido. En ambos casos, especifica la relación que tiene con la persona elegida.

LECCIÓN 2

1 Ponga a los alumnos en parejas y pídale al alumno A que repita esta pregunta una y otra vez (de 10 a 20 veces):

¿Qué importancia tiene la música en tu vida?

El alumno B tiene que contestar con tantas respuestas diferentes como pueda.

Luego, B pasa a ser el que pregunte y repita:

¿Qué es la música para ti?

2 Dicte los siguientes versos e inste a los alumnos que completen las dos últimas palabras de cada verso de este poema de Gustavo Adolfo Bécquer:

*Me ha herido recatándose en las sombras,
sellando con un beso su traición.
Los brazos me echó al cuello y por la espalda
partióme a sangre fría el corazón.*

*Y ella prosigue alegre su camino,
feliz, risueña, impávida. ¿Y por qué?
Porque no brota sangre de la herida,
porque el muerto está en pie.*

3 Solicite a varios alumnos que lean el final de cada estrofa.

AGRADECIMIENTOS

Este ejercicio fue propuesto por Piet Hein's *Grooks II*, 1992, Blackwell's and Borgens Forlag.

LECCIÓN 3

1 Para esta lección necesita el mapa político de Europa. Agrupe a los alumnos de tres en tres y entrégueles el mapa. Proponga a los alumnos el siguiente problema:

SECCIÓN 1 ▶ EJERCICIOS GENERALES DE LAS INTELIGENCIAS MÚLTIPLES

12 ¿Cuántos euros?

CONTENIDO	Comprensión oral y ortografía
IM TRABAJADAS	Visual-espacial y lógico-matemática
NIVEL	De principiante a intermedio bajo
DURACIÓN	Lección 1: 10-15 minutos Lección 2: 5-10 minutos

PREPARACIÓN

Ninguna

LECCIÓN 1

1 Dicte esta historia a los alumnos:

> *El padre pidió a su hija que fuera a comprarle algunas cosas para un viaje.*
> *En su escritorio había un sobre con dinero.*
> *La chica se acercó al escritorio y leyó 98 escrito en el sobre.*
> *Cogió el dinero y fue a una tienda.*
> *Allí, ella eligió cosas por valor de 90 euros.*
> *Cuando sacó el dinero, le faltaban 4 euros.*
>
> *¿Qué había pasado?*

2 Como tarea invite a los alumnos a que intenten explicar qué había pasado. Dígales que les puede ayudar si hacen un dibujo de la escena en la habitación del padre. Sugiérales que pidan ayuda a familiares y amigos.

LECCIÓN 2

1 Escuche todas las soluciones que los alumnos propongan, y pregúnteles por sus razonamientos. Pueden idear muchas soluciones ingeniosas más allá de la simple visual-espacial, que es la siguiente:

¡Lo que el padre, desde un lado de la mesa, había escrito como *86*, la hija, desde su lado de la mesa, leyó como *98*!

NOTA

Aunque la solución más sencilla para este problema puede ser la visual-espacial, sus alumnos pueden actuar de forma interpersonal y lógico-matemática, e idear otras soluciones interesantes.

SECCIÓN 1 ▶ EJERCICIOS GENERALES DE LAS INTELIGENCIAS MÚLTIPLES

13 Una mirada lógico-matemática a una pintura

CONTENIDO	Descripción
IM TRABAJADAS	Visual-espacial y lógico-matemática
NIVEL	De intermedio a avanzado
DURACIÓN	20-30 minutos

PREPARACIÓN

Seleccione una diapositiva de una pintura clásica impactante, pero asegúrese de que su tema esté dentro del ámbito de conocimiento de sus alumnos.

Haga una copia del cuestionario (abajo) para cada alumno.

EN EL AULA

1. Muestre la diapositiva de la pintura. Deje que los alumnos la miren durante 2 o 3 minutos.

2. Lea las preguntas a velocidad normal y, pida a los alumnos que se centren en dos preguntas que realmente les apetece responder. Explíqueles que durante su segunda lectura ellos deberían anotar esas dos preguntas, después léalas una vez más.

3. Divida a los alumnos en grupos de 4 para discutir las respuestas a las preguntas que han elegido.

4. Dé a cada alumno el cuestionario completo para que añadan, individualmente, tres preguntas más.

5. De nuevo en grupos de 4, trabajan sobre las preguntas que han propuesto.

Cuestionario lógico cuantitativo

- ¿Qué color abunda más en esta obra de arte?
- ¿Qué color ves menos en esta obra de arte?
- ¿Qué objeto o forma viste en primer lugar en la pintura?
- ¿Por qué crees que esto es la primera cosa que notaste?
- Mira lo que está sucediendo en el lienzo. ¿Se están moviendo las cosas rápida o lentamente?
- ¿Cómo puedes decidirlo?

SECCIÓN 1 ▸ EJERCICIOS GENERALES DE LAS INTELIGENCIAS MÚLTIPLES

13 Una mirada lógico-matemática a una pintura

- Haz un razonamiento de por qué esta pintura es realista o no realista.
- ¿Hay una idea o emoción oculta en la pintura? ¿Qué pistas te ayudaron a encontrarla?
- ¿Qué preguntas podrías hacer al artista para averiguar cómo creo la pintura?
- ¿Cuál es el valor de este lienzo?
- ¿Cómo lo calculaste?

AGRADECIMIENTOS

Obtuvimos este cuestionario de Iole Vitti de Peanuts School, Pocos de Caldas, Brasil, y ella lo extrajo de su trabajo en Project Zero en Harvard, USA.

SECCIÓN 1 ▸ EJERCICIOS GENERALES DE LAS INTELIGENCIAS MÚLTIPLES

14 Ejercicio prototipo

CONTENIDO	Vocabulario relacionado con el espacio
IM TRABAJADAS	Lógico-matemática y visual-espacial
NIVEL	De intermedio a avanzado
DURACIÓN	20-30 minutos

PREPARACIÓN

Lleve a clase una caja y un objeto que pueda caber en ella.

EN EL AULA

1. Puede o bien dar a cada alumno una fotocopia del dibujo (página 56) o dibujarlo en la pizarra para que lo copien.

2. En silencio, ponga el objeto en la caja y diga: *Está en la caja*.
   En silencio, ponga el objeto **detrás de** la caja.
   En silencio, ponga el objeto **debajo de** la caja.
   En silencio, ponga el objeto **al lado de** la caja, etc., cada vez evocando la preposición correspondiente.

3. Explique a los alumnos que va a dictarles palabras y, si ellos piensan que la palabra que usted ha dictado es altamente descriptiva con ideas de espacio, deberían ponerla en uno de los círculos interiores.

   Si creen que está solo débilmente conectada con ideas de espacio, deberán escribirla en uno de los círculos exteriores.

   Por ejemplo, **EN** claramente tiene un significado visual-espacial, mientras que **PINTAR**, aunque implica espacio, no es fundamentalmente una palabra visual-espacial, así que PINTAR iría en un círculo intermedio o exterior.

   Dicte estas palabras:

   Interior – Ir – Contrario a las agujas del reloj – Sobre – A través de – Cuesta abajo – Vivir – Arquitecto – Ningún sitio – Puente – Madrid – Subterráneo – En las Montañas – A horcajadas – Llegar – Estar situado en – Puesta de sol – Pasado – Realmente – Borde – Más allá – Metro cuadrado – Remoto – Río abajo – Extender – Mientras

4. Pida a los alumnos que trabajen en grupos de tres y comparen dónde han puesto las palabras según el grado visual-espacial que consideran que tienen.

SECCIÓN 1 ▶ EJERCICIOS GENERALES DE LAS INTELIGENCIAS MÚLTIPLES

14 Ejercicio prototipo

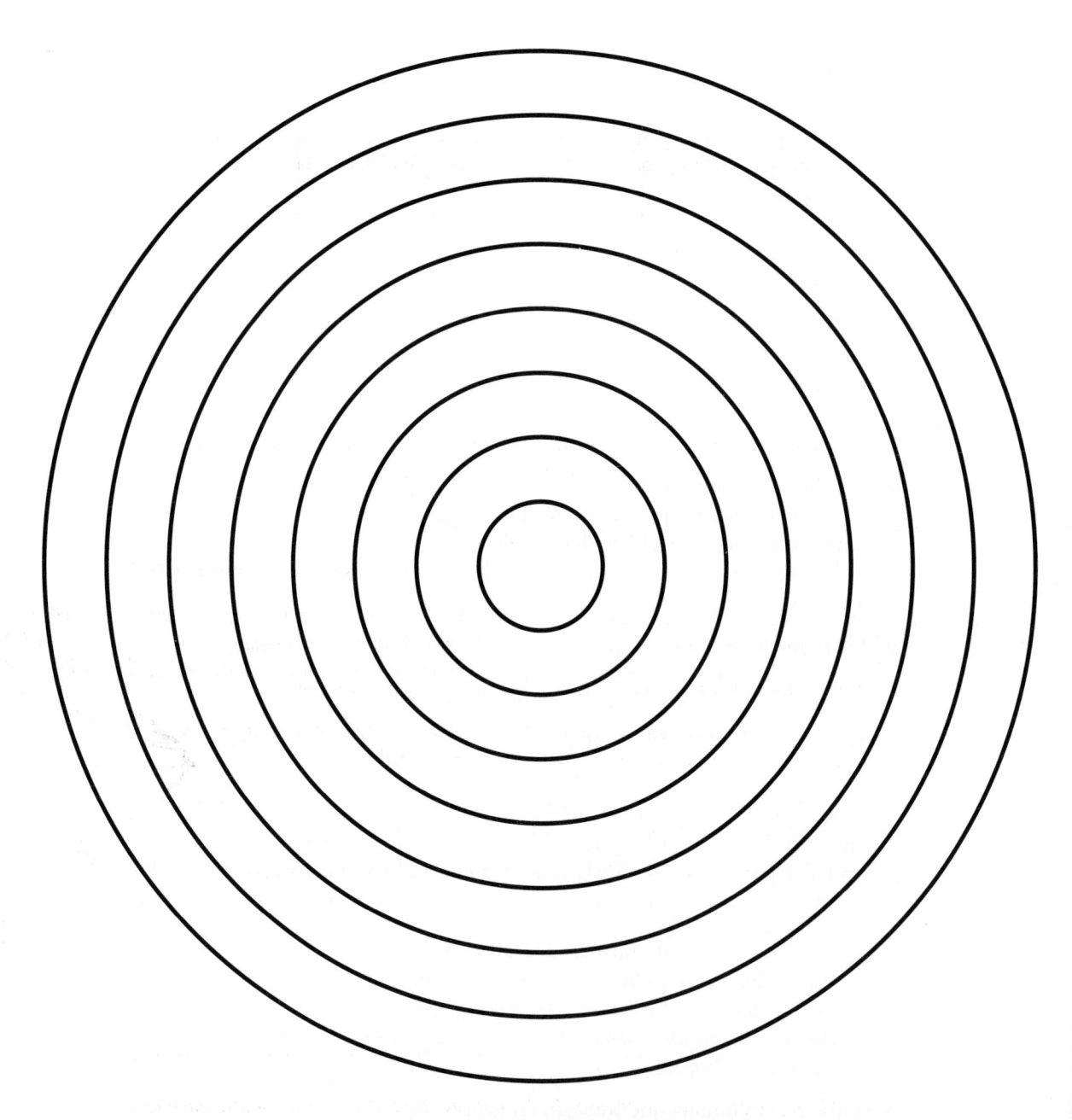

© Helbling Languages – SGEL, 2012. Fotocopiar para usar en clase

SECCIÓN 1 ▶ EJERCICIOS GENERALES DE LAS INTELIGENCIAS MÚLTIPLES

15 ¿Qué inteligencias se le dan mejor a X?

CONTENIDO	Expresión oral
IM TRABAJADAS	Todas
NIVEL	De principiante a avanzado (pero haga esta unidad solo cuando sus alumnos estén familiarizados de forma razonable con el pensamiento de las IM)
DURACIÓN	20-30 minutos

PREPARACIÓN

Ninguna

EN EL AULA

1. Pida a los alumnos que, individualmente, doblen un trozo de papel de forma apaisada y que pinten una línea cerca del encabezado de la hoja, así:

    Inteligencia musical

    Fuerte ——————————————————————— débil

    Indíqueles que pinten otras seis líneas como la propuesta para las demás inteligencias.

2. Ahora, invíteles a que piensen en alguien que conozcan bien.

    Dígales que reflexionen sobre cómo se le da a esa persona cada inteligencia y que hagan una marca en la línea entre *fuerte* y *débil*.

    Si creen que esa persona es buena, por ejemplo, en lo relativo a la música, que mediten en cómo muestra esa persona esta cualidad.

3. Ponga a trabajar a sus alumnos de tres en tres, y que cada uno hable a los demás sobre la persona que ha elegido y sobre las áreas en las que esa persona se siente más fuerte.

    Ejemplos:

    Visual-espacial

    Fuerte ————————X——————————————— débil

    Mario, cuando piensa en su padre Giuseppe, cree que este era bastante bueno en lo relacionado con lo visual-espacial. Cuando pintaba una iglesia, Giuseppe esbo-

SECCIÓN 1 ▶ EJERCICIOS GENERALES DE LAS INTELIGENCIAS MÚLTIPLES

16 ¿Qué inteligencias usamos cuando leemos?

Está en silencio. No hay nada que quiera saber. Solo que otro espacio de tiempo ya había pasado.

«¿Cómo estás?», dije.

«¿Quién es?», preguntó.

«Es el médico. ¿Cómo te sientes?».

No contestó enseguida.

«¿Sentir?», dijo.

«Espero que te sientas mejor», dije.

Apreté el botón del lateral de la cama.

«Se moverá hacia abajo», dije.

«Sí, hacia abajo», comentó.

Se echó hacia atrás en la cama con dificultad. Sus muñones, ligeros sin piernas ni pies, se levantaron dejándose ver. Lavé las heridas con desinfectante y volví a cubrir los muñones. Durante todo este tiempo no habló.

¿Qué estaba pensando tras esos ojos que no pestañeaban?

«¿Hay algo más que pueda hacer por ti?», pregunté.

Durante un buen tiempo permaneció en silencio.

«Sí», esbozó finalmente y sin la menor ironía dijo, «¿puedes traerme un par de zapatos?».

Extraído de *Confessions of a knife*, Richard Selzer, 1982, Triad/Granada, página 134.

SECCIÓN 1 ▸ EJERCICIOS GENERALES DE LAS INTELIGENCIAS MÚLTIPLES

17 Diversión con matemáticas

CONTENIDO	Escuchar y llevar a cabo instrucciones matemáticas precisas
IM TRABAJADAS	Lógico-matemática
NIVEL	De intermedio bajo en adelante
DURACIÓN	10 minutos

PREPARACIÓN

Ninguna

EN EL AULA

1. Anuncie que puede leer la mente de un alto porcentaje de alumnos en clase. En una hoja de papel, escriba «un elefante gris en Dinamarca», doble el papel para que nadie pueda leer lo que ha escrito, entregue el papel doblado a un alumno para que lo guarde hasta el final de la actividad sin leerlo.

2. Escriba el alfabeto en la pizarra, y ponga el número correspondiente bajo cada letra, p.ej.: 1 debajo de la A, 4 debajo de la D, etc.

3. Pida a sus alumnos que cojan bolígrafo y papel, y deles estas instrucciones (asegúrese de que ellos han completado sus cálculos antes de continuar):
    a. Piensa un número del 1 al 9.
    b. Multiplica el número por 9.
    c. Suma los dos dígitos.
    d. Resta 5.
    e. Comprueba en la pizarra para convertir la respuesta en una letra del alfabeto.
    f. Escribe el nombre de un país europeo que empiece por esa letra.
    g. Escribe un animal de cuatro patas que empiece con la siguiente letra.
    h. Escribe un color típico para ese animal.

4. Indique al alumno que tiene el papel doblado que lo desdoble y lea en voz alta a la clase lo que usted escribió al principio del ejercicio.

SECCIÓN 1 ▸ EJERCICIOS GENERALES DE LAS INTELIGENCIAS MÚLTIPLES

17 Diversión con matemáticas

NOTA

Si tiene algunos linces matemáticos en su clase, es posible que les guste intentar descubrir la lógica que hay detrás de esta actividad, posiblemente con la ayuda de su profesor de matemáticas.

AGRADECIMIENTOS

Conocimos esta actividad gracias a Ken Wilson, director del English Speaking Theatre, en la conferencia IATEFL en Katowice, Polonia, en noviembre de 1999.

Sección 2
Enseñanza a partir del libro de texto

SECCIÓN 2 ▸ ENSEÑANZA A PARTIR DEL LIBRO DE TEXTO

18 De las manos a la voz

CONTENIDO	Interiorización de las estructuras gramaticales
IM TRABAJADAS	Lingüístico-verbal, visual-espacial y cinético-corporal
NIVEL	De bajo intermedio a avanzado
DURACIÓN	30-40 minutos

PREPARACIÓN

Encuentre dos párrafos que contengan los nuevos puntos de gramática. Elija a cinco personas con un tipo de letra muy diferente entre sí para que los copien en un trozo de papel.

Fotocopie el trozo de papel, uno para cada alumno.

EN EL AULA

1. Coloque a los alumnos en grupos de cuatro y dele a cada grupo dos trozos del papel que contengan los dos párrafos escritos a mano.

2. Dícteles el siguiente cuestionario:
   - ¿Cómo ha escrito cada persona la letra «h»?
   - ¿Las letras se van hacia la derecha o hacia la izquierda?
   - ¿Cómo es el punto de la letra «i»?
   - ¿Aprieta el lápiz o tiene una escritura suave?
   - ¿Cuántas letras une el escritor?
   - ¿Es un escritor rápido o lento?
   - ¿Es una mano masculina o femenina?

3. Pida a sus alumnos que contesten a las preguntas propuestas de cada uno de los cinco textos.

4. Ahora, solicite al grupo de cuatro que elija el tipo de escritura que considere más interesante.

5. Recomiéndeles que vuelvan a escuchar el texto leyéndolo en voz alta hasta que adivinen a quién pertenecería el tipo de escritura.

6. Cada grupo le lee al resto el pasaje en voz alta. La tarea de los oyentes es decidir cuál es el sexo y la edad de la persona que escribió el texto.

SECCIÓN 2 ▸ ENSEÑANZA A PARTIR DEL LIBRO DE TEXTO

20 Lectura intensiva

CONTENIDO	El significado de frases separadas contrastado con el significado del pasaje del que provienen. Asimilación de nueva gramática y vocabulario del libro de texto
IM TRABAJADAS	Lógico-matemática
NIVEL	De postprincipiante a avanzado
DURACIÓN	20-30 minutos

PREPARACIÓN

Elija de seis a ocho frases del siguiente pasaje del libro de texto.

EN EL AULA

1 Diga a los alumnos que les va a dictar algunas frases y que deberán dejar huecos debajo de ellas. A continuación, dicte de seis a ocho frases en orden aleatorio, y no en el orden en que aparecen en el pasaje del libro de texto.

Deje a los alumnos tiempo para preguntar sobre el vocabulario y hacer preguntas de comprensión.

2 Propóngales que doblen y corten en trozos la página en la que han estado escribiendo y que pongan una frase distinta en cada trozo.

Dígales que trabajen individualmente o en parejas, y que organicen las frases en categorías. Debe haber más de una categoría, y debe haber menos categorías que el número total de frases. Sus categorías pueden ser de cualquier tipo: semánticas, emocionales, gramaticales, aritméticas (p.ej.: frases de seis palabras) o cualquier otra cosa que se les ocurra. Intente no darles más de un ejemplo de lo que quiere decir con «categoría», porque los ejemplos los condicionan. En una clase postprincipiante, sus explicaciones serán en la lengua materna.

Dígales que den a cada categoría un título. En una clase de nivel bajo necesitará ofrecer suficiente ayuda con el vocabulario.

3 Pida a diferentes alumnos que le den sus títulos, escríbalos en la pizarra e indíqueles que lean en voz alta las frases que tienen bajo cada título. Si la clase es postprincipiante será natural recurrir a la lengua materna en la explicación de las categorías.

SECCIÓN 2 ▸ ENSEÑANZA A PARTIR DEL LIBRO DE TEXTO

20 Lectura intensiva

<u>4</u>   Ahora invite a la clase a que lea el pasaje del libro de texto de donde se han extraído las frases. Déjeles tiempo para que hagan comentarios sobre el ejercicio completo.

AGRADECIMIENTOS

Este modo de pensamiento proviene directamente del enfoque matemático de la enseñanza del lenguaje del Dr. Caleb Gattegno.

SECCIÓN 2 ▸ ENSEÑANZA A PARTIR DEL LIBRO DE TEXTO

21 Haciendo desaparecer frases

CONTENIDO	Hacer preguntas
IM TRABAJADAS	Lingüístico-verbal y lógico-matemática
NIVEL	De intermedio bajo a intermedio
DURACIÓN	10 minutos

PREPARACIÓN

Prepare una frase larga o un párrafo como base para el juego de borrar el texto.

EN EL AULA

1 Escriba una frase larga o un párrafo en la pizarra o díctesela a un alumno para que lo haga él.

   Ejemplo:

   Los alumnos frecuentemente no tienen ni voz ni voto en la elección del tipo de texto que sus profesores deciden que tienen que estudiar o en los que hacer sus ejercicios; quizás esto sea por lo que un número considerable de alumnos se sienten gratificados cuando tienen la oportunidad de borrar partes de un texto o un texto completo dictado por un profesor, que es de lo que trata esta actividad.

2 Diga a los alumnos que le hagan preguntas específicas sobre el texto. Cuando una palabra o un grupo de palabras en el texto es la respuesta directa a una pregunta que ellos han preguntado, borre este trozo del texto. Así que, si un alumno, por ejemplo, dice: «¿Quién no tiene ni voz ni voto en la elección del texto frecuentemente?», usted borra la palabra *Alumnos*. Otro alumno puede entonces proponer: «¿Cuál es el opuesto de 'pocas veces'?» y usted borra *frecuentemente*, etc.

3 Cuando una pregunta es lingüísticamente incorrecta, encoja sus hombros y pida a la clase que la corrija. Borre la palabra solamente cuando la pregunta se haya formulado correctamente.

4 Se dará cuenta de que cuando queda un elemento funcional aislado, como *por qué*, los alumnos empezarán a hacer preguntas metagramaticales, tales como «Cuando preguntas la razón de algo, ¿cuál es la primera palabra en tu pregunta?».

SECCIÓN 2 ▸ ENSEÑANZA A PARTIR DEL LIBRO DE TEXTO

21 Haciendo desaparecer frases

VARIACIÓN 1

Puede transformar esta actividad en otra aún más enfocada lógico-matemáticamente, concediendo puntos por el número de palabras borradas en un intento.

Por ejemplo, la pregunta «¿*Qué sucede frecuentemente?*» eliminaría las 28 palabras desde *no tienen ni voz ni voto* hasta *hacer sus ejercicios*, así, el alumno que haga esta pregunta obtendría 28 puntos.

La variación propuesta aquí es psicológicamente muy diferente del ejercicio principal, ya que introduce competición donde antes había habido un esfuerzo de colaboración.

VARIACIÓN 2

Elija a un alumno al que se le dé bien dibujar para que salga a la pizarra y realice un dibujo que esté recargado con muchas cosas. Lo ideal sería que esto lo hiciese aquel alumno que haya ya finalizado su tarea mientras que el resto de la clase aún sigue trabajando.

Comunique a la clase que el dibujo necesita una visión vacía para que se pueda ver de forma satisfactoria. Se irán deshaciendo del desorden del dibujo haciendo preguntas que «vacíen» el dibujo. El artista borrará. Es él quien decide cuándo el dibujo se ha quedado lo suficientemente vacío.

AGRADECIMIENTOS

Escogimos esta idea de Jude Baker, un compañero de Pilgrims y el ejercicio familiar al que esta actividad pertenece no existiría si no fuese por el trabajo de Caleb Gattegno.

Para más actividades de este tipo lógico-matemático y lingüístico, consulte la Sección 2 del libro *Grammar Games*, Rinvolucri, 1984, CUP, y la Sección 2 de *More Grammar Games*, Davis and Rinvolucri, 1995, CUP.

SECCIÓN 2 ▸ ENSEÑANZA A PARTIR DEL LIBRO DE TEXTO

22 Predicciones pasadas

CONTENIDO	Revisión de la gramática y del vocabulario de la unidad anterior
IM TRABAJADAS	Lingüístico-verbal (especialmente auditiva) e interpersonal
NIVEL	De postprincipiante a intermedio alto
DURACIÓN	10-15 minutos

PREPARACIÓN

Elija la unidad del libro de texto que quiera que sus alumnos revisen.

EN EL AULA

1. Ponga a la clase de pie o sentada en un círculo.

2. Pida un voluntario para leer y dígale que abra el libro de texto por la página en la que está el pasaje que ha seleccionado. El resto de la clase tiene su libro de texto cerrado.

El voluntario lee la primera frase y luego la primera palabra de la segunda frase. Después, se para y el alumno que esté a su izquierda ha de adivinar la palabra que le sigue.

Si no la adivina, el voluntario leerá la primera palabra y la segunda de la frase y, el siguiente alumno de la izquierda deberá intentar adivinar la tercera palabra.

Cuando un alumno la acierte, el voluntario sigue leyendo hasta el final de la frase y luego, el que ha adivinado la palabra coge el libro abierto y pasa a ser el lector. Leerá la siguiente frase entera y se parará en un punto que él elija de la siguiente para que la persona que esté a su izquierda adivine la palabra que sigue. Y así a lo largo de todo el círculo.

VARIACIÓN

En lugar de que el alumno se pare en seco para que su compañero de la izquierda adivine la siguiente palabra, invite al que está leyendo que cambie una palabra en cada frase que lea.

La tarea de la persona que está a su izquierda será la de detectar la palabra «incorrecta» y sugerir la correcta.

SECCIÓN 2 ▸ ENSEÑANZA A PARTIR DEL LIBRO DE TEXTO

22 Predicciones pasadas

AGRADECIMIENTOS

Robert O'Neill propuso a los profesores que usaban sus *Kernels Intermediate* a principios de los 70 que usaran esta técnica y su variación. Lo que se acaba de proponer es que los alumnos han de trabajar todos y recibir todos los beneficios del lenguaje, mientras que a los profesores se los deja libres de cualquier representación, dándoles tiempo y espacio para que observen y para que reflexionen sobre sus alumnos.

SECCIÓN 2 ▸ ENSEÑANZA A PARTIR DEL LIBRO DE TEXTO

24 ¡Acelera!

CONTENIDO	Interiorización de una parte de un pasaje del libro de texto
IM TRABAJADAS	Cinético-corporal y lingüístico-verbal
NIVEL	De principiante a avanzado
DURACIÓN	5-10 minutos

PREPARACIÓN

Coja una barrita de chocolate.

N.B.: Este ejercicio es ideal si de repente tiene que sustituir a otro profesor.

EN EL AULA

1. Elija un pasaje del libro de texto de dos unidades más adelante. Informe a los alumnos de que el que copie el mayor número de palabras del pasaje de forma correcta y en 120 segundos ganará la barrita de chocolate.

2. Con los bolígrafos en la mano diga:

    Preparados, listos, ¡ya!

3. Cuando pasen los 120 segundos, pídales que corrijan los textos de los demás y que cuenten el número de palabras escritas correctamente. Premie con la barrita de chocolate al alumno que tenga la puntuación más alta.

NOTA

Tras esta breve actividad, los alumnos estarán familiarizados con algún contenido lingüístico de la unidad que estudiarán más adelante.

SECCIÓN 2 ▸ ENSEÑANZA A PARTIR DEL LIBRO DE TEXTO

25 Adivina mi frase

CONTENIDO	Revisión del vocabulario, de la gramática y de la acentuación de la frase
IM TRABAJADAS	Musical y lingüístico-verbal
NIVEL	De intermedio bajo a avanzado
DURACIÓN	5-10 minutos

PREPARACIÓN

Ninguna.

EN EL AULA

1. Pida a los alumnos que piensen en un texto con el que hayan trabajado recientemente en clase. Propóngales que digan en voz alta las palabras de las que se acuerden del texto. Escríbalas en la pizarra.

2. Señale una palabra e indíqueles que va a formular una frase con ella y que deben trabajar en parejas para adivinar la frase. No les diga la frase, únicamente marque el ritmo con una palmada o con una pandereta. Repita el ritmo tantas veces como quieran.

3. Pida a la clase que formule en voz alta sus propuestas. Cuando una frase se acerque a la suya original, solicite al alumno que la haya dicho que la repita. Señale de forma no verbal que no es exactamente la frase que ha pensado y anime al resto de la clase a que haga más propuestas. Use solamente mímica y gestos para conseguir que los alumnos averigüen la frase original.

4. Haga la misma operación con otra palabra de la pizarra.

VARIACIÓN

Al cabo de un rato, puede pedirle a un alumno que ocupe su lugar.

AGRADECIMIENTOS

La idea de proponer a los estudiantes que adivinen una parte del lenguaje a partir de un ritmo creado con una pandereta proviene de Glen Stephen.

SECCIÓN 2 ▸ ENSEÑANZA A PARTIR DEL LIBRO DE TEXTO

26 La habitación romana

CONTENIDO	Vocabulario del diseño del mobiliario y de una habitación
IM TRABAJADAS	Visual-espacial
NIVEL	De intermedio bajo en adelante
DURACIÓN	Lección 1: 30 minutos Lección 2: 20 minutos

PREPARACIÓN

Ninguna.

LECCIÓN 1

1. Pida a sus alumnos que trabajen de forma individual y que se imaginen la habitación de sus sueños. Propóngales que piensen en la forma y el tamaño de la habitación, dónde pondrían las ventanas y las puertas, qué muebles y qué colores les gustaría tener en esa habitación. Explíqueles que tienen libertad para ser creativos, p.ej. si quieren que un río fluya por la habitación, que lo pongan. Sin embargo, la habitación debe estar estructurada de forma clara y sin demasiados detalles para que puedan recordarla fácilmente.

2. Dígales que dibujen un plano de la habitación.

3. Colóquelos en parejas para que se describan sus habitaciones el uno al otro, usando los planos que han creado.

4. Pídales que hagan individualmente una lista con 20 objetos. Esta lista no debe tener ninguna conexión con la habitación que hayan descrito. Dígales que intercambien sus listas y que memoricen los 20 objetos en el orden en el que se encuentran en la lista. Deles 3 minutos para hacerlo.

5. En parejas, comprobarán cuántos objetos ha memorizado cada alumno de su propia lista. Coménteles que tienen que comprobar cuántos objetos de la lista de su compañero recuerdan.

6. Compare los resultados preguntando cuántos objetos ha memorizado cada alumno. Pregunte a los alumnos qué estrategia siguen para memorizar las listas.

7. Como tarea para la próxima lección, pídales que interioricen el máximo número de detalles como les sea posible de la habitación que han creado.

SECCIÓN 2 ▸ ENSEÑANZA A PARTIR DEL LIBRO DE TEXTO

26 La habitación romana

Deberán ser capaces de recordar bien su habitación sin mirar el plano. (Tendrá que explicar esta tarea, ya que de lo contrario, algunos alumnos pueden pensar que es muy rara y no hacerla; dígales que les va a enseñar una estrategia muy eficaz para memorizar, para la cual, la condición es que hayan interiorizado sus planos de la habitación).

LECCIÓN 2

1. En la próxima clase, ponga a los alumnos en parejas con diferentes compañeros y pídales que cada uno escriba otra lista con 20 objetos.

2. Indique que se intercambien las listas. Deben imaginar que están en la habitación, andando primero dando vueltas y empezando en un punto concreto y volviendo siempre al mismo punto al final. Ellos eligen si quieren «caminar» en el sentido de las agujas del reloj o no. Colocan un objeto de la lista con las piezas de mobiliario detrás de otro, el suelo, el alféizar de la ventana, etc., pídales que creen imágenes fuertes como hasta ahora, por ejemplo distorsionando el tamaño de los objetos y haciéndolos desproporcionadamente más anchos o más pequeños, añadiendo sonidos y olores, etc. Deles tres minutos para hacerlo.

3. En parejas, los alumnos comprueban de nuevo con qué detalle cada uno de ellos recuerda esta vez su habitación.

4. Pregúnteles si este ejercicio podría servirles como estudio de la información que necesitan para recordar.

VARIACIÓN

La técnica de la «habitación» es especialmente útil para ayudar a los alumnos a recordar palabras abstractas. ¿En qué sitio de la habitación pondría palabras como *esperanza*, *espacio* o *telepatía*?

Precisamente porque no resulta obvio el lugar donde colocarlas, el alumno hará un gran esfuerzo y el efecto de la memoria resultará más potente.

NOTA

El hecho de colocar palabras del libro de texto en una habitación imaginaria resulta extremadamente efectivo para agilizar la memoria.

SECCIÓN 2 ▶ ENSEÑANZA A PARTIR DEL LIBRO DE TEXTO

26 La habitación romana

AGRADECIMIENTOS

Encontramos esta técnica en el libro de Tony Buzan *Use Your Memory*, BBC Publications, primera edición de 1986. Buzan comenta que esta técnica nemónica fue inventada hace más de 2000 años por los romanos, de ahí su nombre.

SECCIÓN 2 ▶ ENSEÑANZA A PARTIR DEL LIBRO DE TEXTO

27 Diálogo cinético-corporal o musical

CONTENIDO	Comprensión oral y escrita intensivas
IM TRABAJADAS	Cinético-corporal y musical
NIVEL	De postprincipiante a avanzado
DURACIÓN	40-50 minutos

PREPARACIÓN

Necesitará la grabación del diálogo elegido de su libro de texto y un radio casete.

Pida a uno de sus alumnos al que le guste el teatro que elija una escena o un diálogo de la unidad anterior del libro de texto y que prepare una actividad de mímica que se base en él. Pida a otros dos o tres alumnos a los que se les dé bien la música que elijan un diálogo anterior y que lo preparen musicalmente usando la voz y/o instrumentos.

EN EL AULA

1. Pídale a su artista de mimo que actúe. Todos los alumnos, en silencio releen el diálogo/escena del libro. La actividad de mímica se repite.

   Luego, invite a los músicos a que presenten su diálogo/escena.

2. Pida a la clase que escuche con atención el nuevo diálogo con el libro de texto cerrado. Trate las dudas idiomáticas y luego ponga el diálogo una segunda vez.

3. Permita que los alumnos abran sus libros y que lean el nuevo diálogo. Diga a cada estudiante que elija si prefiere representarlo con mímica o con la canción.

4. Divida a la clase en dos grupos, los mimos y los cantantes. Deje que estos grupos se subdividan en el número de papeles que aparecen en el diálogo. Deles 15 minutos para que lo preparen.

NOTA

Después de este aparente juego-actividad, a los alumnos se les presentará el nuevo punto de gramática a través del diálogo.

SECCIÓN 2 ▸ ENSEÑANZA A PARTIR DEL LIBRO DE TEXTO

29 Un juego de partes

CONTENIDO	Aprender la forma de la palabra y adivinarla por el significado. Este pasaje muestra palabras sobre el tiempo meteorológico.
IM TRABAJADAS	Lógico-matemática y visual-espacial
NIVEL	De principiante a avanzado, de acuerdo con la dificultad del texto. El pasaje que se propone es para un nivel intermedio
DURACIÓN	15-20 minutos

PREPARACIÓN

Elija un texto corto y decida qué sílabas y qué letras va a eliminar. Puede ponerlo en una diapositiva o usar la pizarra. Use el texto que se propone para un nivel intermedio.

Esta técnica puede emplearse con una parte del pasaje de la unidad del libro de texto que esté dando en ese momento. También puede usarse para avanzar unidades posteriores o revisar unidades ya vistas.

EN EL AULA

1. Enseñe previamente cualquier palabra que sea posible que los alumnos no conozcan.
2. Proyecte la diapositiva o escriba el texto que haya elegido en la pizarra con los huecos por los que haya optado.
3. Pida a los alumnos que se acerquen libremente y añadan las sílabas y letras que ellos consideran que faltan.
4. Ayude a la clase con los huecos que no haya rellenado todavía.

VARIACIÓN

Solicite a un alumno que elija una canción u otro texto que le guste, y que traiga a clase una versión con huecos para ponerla en la pizarra o como diapositiva. El ejercicio se desarrolla igual, pero el poder de elección del texto está en manos del alumno.

SECCIÓN 2 ▸ ENSEÑANZA A PARTIR DEL LIBRO DE TEXTO

29 Un juego de partes

AGRADECIMIENTOS

Adivinar partes tapadas de una palabra en un poema era un pasatiempo entre las damas de la corte en Japón en el siglo x. El juego se menciona en *The Pillow Book of Sei Shonagon* (1967, Penguin), y el texto anterior está tomado de la página 210 del mismo libro.

SECCIÓN 2 ▸ ENSEÑANZA A PARTIR DEL LIBRO DE TEXTO

31 Puntuación con percusión

CONTENIDO	Lectura en voz alta, entonación, pausas y puntuación
IM TRABAJADAS	Musical, cinético-corporal y lingüístico-verbal
NIVEL	De elemental a avanzado
DURACIÓN	20-30 minutos

PREPARACIÓN

Elija un pasaje de una unidad de su libro de texto o cualquier otro texto apropiado para el nivel de los alumnos y cuente el número de signos de puntuación que hay en él.

Como alternativa, use el texto «En busca de algo». Estos son los signos de puntuación que aparecen es ese pasaje:

« » ¡ ! . , : ¿ ?

EN EL AULA

1. Escriba en la pizarra los signos de puntuación del pasaje que haya elegido. Asegúrese de que los alumnos conocen el nombre de cada uno de ellos.

2. Divida a la clase en grupos compuestos por el mismo número de personas como signos de puntuación haya en el texto, más uno; si es necesario, dos alumnos pueden compartir un signo de puntuación.

   Pida a los alumnos que observen el texto elegido.

   Explique que el alumno de cada grupo que no tenga un signo de puntuación, leerá el texto en voz alta y, que los otros elegirán cada uno un signo de puntuación y un sonido y una acción para representarlo. Un alumno debe dar una palmada para un punto y final, otro debe hacer crujir una bolsa de patatas para representar las comillas y un tercero debe toser para expresar una coma.

   Permita que los alumnos se tomen su tiempo para elegir los sonidos que quieran y luego pida a cada grupo que practique leyendo el texto en voz alta y con los sonidos en el lugar del signo de puntuación. Los grupos hacen esta tarea de forma simultánea.

SECCIÓN 2 ▸ ENSEÑANZA A PARTIR DEL LIBRO DE TEXTO

31 Puntuación con percusión

Así pues, la frase «*Bésame*», ¡*dijo*! iría así:

ALUMNO A:	palmada
ALUMNO B (lector):	bésame
ALUMNO C:	crujido
ALUMNO A:	palmada
ALUMNO B (lector):	dijo
ALUMNO D:	chasquido

Los alumnos necesitan practicar el pasaje varias veces para que la lectura fluya y que los que produzcan el sonido o la acción con la puntuación entren en el momento justo.

3 Pida a cada grupo que haga una lectura con el sonido elegido para la puntuación delante de la clase.

4 Pida a un grupo completo que decida cuál es el mejor sonido para un punto y aparte. Los alumnos que hacen el sonido para el punto y aparte de cada grupo adoptan este sonido. Dé una vuelta por los grupos y haga lo mismo con los otros cinco signos de puntuación.

Finalmente, invite a un alumno a que lea mientras el grupo completo puntúa con los sonidos que han elegido como los mejores.

Repita el ejercicio más despacio.

Repita el ejercicio más rápido.

Repita el ejercicio más suave, etc.

Una posible lectura:

Buscando algo

John estaba fuera en el jardín buscando algo. Estaba apoyado con sus manos y sus rodillas en un arriate. Su mujer lo vio desde una ventana del piso de arriba, abrió la ventana y le dijo:

«¿Qué estás haciendo?».

«Estoy buscando mis llaves».

«¿Tus llaves? Las perdiste en el jardín, ¿no?», le dijo.

«No, en casa».

«Entonces, ¿por qué las estás buscando en el jardín?».

SECCIÓN 3 ▸ PRESTAR ATENCIÓN

32 Hablar como otra persona

CONTENIDO	Formular preguntas, hablar de uno mismo, comprensión oral, presentación de habilidades
IM TRABAJADAS	Interpersonal e intrapersonal
NIVEL	De intermedio en adelante
DURACIÓN	30-40 minutos (dependiendo del tamaño de la clase)

PREPARACIÓN

Ninguna.

EN EL AULA

1. Pida a los alumnos que trabajen en parejas y que elijan preferiblemente a un compañero al que no conozcan muy bien.

2. El alumno A empieza formulando preguntas e intenta extraer la máxima información posible del alumno B. Deles 5 minutos para esta tarea.

3. A continuación, que se intercambien los papeles. Deles otros cinco minutos para que B entreviste a A.

4. Pida a los alumnos que cojan papel y bolígrafo y que de forma individual creen un mapa mental o escriban una lista con lo que recuerden de su compañero.

5. Coloque a los alumnos sentados en círculo. Dígales que van a presentar a su compañero al resto del grupo de la siguiente forma:

   Un alumno empieza y se queda de pie detrás del compañero al que está presentando, poniendo las manos sobre los hombros de la otra persona, si la cultura lo permite, y habla como si fuese la otra persona (en primera persona del singular). El alumno al que se está presentando escucha sin interrumpir.

   Pídales que se den cuenta de sus propias reacciones cuando los presentan y de las de los demás. Cada alumno tiene un máximo de 2 minutos para presentar a su compañero.

6. Pregúnteles cómo se sienten durante el trascurso de la actividad y deles la oportunidad de «corregir» algo que hayan dicho sobre ellos o que añadan información si quieren.

SECCIÓN 3 ▸ PRESTAR ATENCIÓN

32 Hablar como otra persona

NOTA

Esta actividad funciona mejor al principio de curso. Si tiene más de 16 alumnos, siga los pasos 5 y 6 haciendo dos grupos diferentes. Hemos observado que la fase de reanálisis funciona mejor con grupos de 8 a 16 personas.

VARIACIÓN

Si quisiera utilizar este ejercicio después del comienzo del curso, pida a los alumnos que cada uno entreviste a una persona que conozca bien, como por ejemplo un familiar. En la sesión de *feed-back* el alumno reportero dice *Soy X; el tío de Juani*; siendo Juani un compañero de clase.

SECCIÓN 3 ▶ PRESTAR ATENCIÓN

33 Múltiples entrevistadores

CONTENIDO	Comprensión oral y uso de la forma interrogativa
IM TRABAJADAS	Interpersonal
NIVEL	De elemental a avanzado
DURACIÓN	15-20 minutos

PREPARACIÓN

Ninguna.

EN EL AULA

1. Pida a un alumno que salga voluntario para que se le entreviste sobre un tema que él elija y pida también un voluntario para entrevistarlo.

2. Explique al grupo que si en algún momento alguien quiere relevar al entrevistador, solo tiene que levantarse y tocar el hombro del entrevistador actual y ocupar así su lugar.

   También pueden sustituir al entrevistado de la misma forma y hacerlo en cualquier momento.

3. Aclare que la idea es hacerlo de una forma armoniosa, para que la entrevista se lleve a cabo sin problemas.

AGRADECIMIENTOS

Esta actividad nos la enseñó Penélope Williams.

SECCIÓN 3 ▶ PRESTAR ATENCIÓN

34 Escribir un quinteto

CONTENIDO	Expresión escrita creativa
IM TRABAJADAS	Lingüístico-verbal
NIVEL	Intermedio bajo
DURACIÓN	30-40 minutos (dependiendo del tamaño de la clase)

PREPARACIÓN

Escriba uno o dos ejemplos de quintetos sobre una transparencia o una cartulina (mire el siguiente ejemplo).

EN EL AULA

1 Exponga sus quintetos y léalos a la clase. Ejemplo:

Solo la edad me explica con certeza
por qué un alma constante, cual la mía,
escuchando una idéntica armonía,
de lo mismo que hoy saca tristeza
sacaba en otro tiempo la alegría.

2 Cuente a sus alumnos que un quinteto es una forma poética usada hace más de 600 años. Pídales que trabajen en parejas y que encuentren las reglas que caracterizan al quinteto. Son las siguientes:

- No puede quedar ningún verso suelto.
- No debe haber más de tres versos seguidos rimando entre sí.
- Los dos últimos versos no pueden formar un pareado.
- Todos los versos son de arte mayor consonantes y riman al gusto del poeta.

3 Invite a sus alumnos a que escriban su propio quinteto. Puede sugerirles algún tema o dejar que escriban sobre cualquier cosa que ellos elijan.

AGRADECIMIENTOS

Esta técnica nos la enseñó Hans Eberhard Piepho. Otra idea es pedir a los alumnos que escriban de forma rigurosa como las Mini-sagas (textos narrativos cortos de exactamente 50 palabras con un título de no más de 15 palabras). Véase por ejemplo el libro, *The Book of Mini Sagas*, 1985, Alan Sutton.

SECCIÓN 3 ▶ PRESTAR ATENCIÓN

35 ¿Qué significa?

CONTENIDO	Ambigüedad
IM TRABAJADAS	Lingüístico-verbal y lógico-matemática
NIVEL	Avanzado
DURACIÓN	10-20 minutos

PREPARACIÓN

Haga una fotocopia del siguiente texto para cada alumno.

EN EL AULA

1. Ponga a los alumnos en parejas y pídales que traduzcan el texto juntos; reparta una copia para cada pareja. No diga una palabra sobre la ambigüedad del texto.

   Me pide usted mi opinión sobre X, que ha solicitado una plaza en su departamento. No tengo palabras para elogiarle ni para enumerar sus merecimientos. No hay entre mis alumnos ninguno que se le pueda comparar. Su tesis, que pone claramente de manifiesto su capacidad, es de las que no abundan en nuestros días. Le asombrará la cantidad de conocimientos que domina. Será usted muy afortunado si lo hace trabajar en su departamento.

   (Si tiene una clase con varias lenguas maternas, ponga en parejas al mayor número de alumnos como le sea posible, de acuerdo con su lengua materna, y deje a los otros trabajar solos).

2. Reúna las parejas en grupos de cuatro para comparar sus versiones.

   Pida una votación a mano alzada de aquellos que estarían satisfechos de obtener una referencia como esta.

AGRADECIMIENTOS

Encontramos el texto en la página 43 de *A Mathematician Reads the Newspaper*, John Allen Paulos, 1995, Basic Books, Harper Collins.

(Edición española: *Un matemático lee el periódico*, John Allen Paulos, 1996, Tusquets Editores).

SECCIÓN 3 ▶ PRESTAR ATENCIÓN

36 El giro de una moneda

CONTENIDO	Hacer sugerencias
IM TRABAJADAS	Lógico-matemática y cinético-corporal
NIVEL	De intermedio a avanzado
DURACIÓN	30-45 minutos

PREPARACIÓN

Escriba una tarjeta de solución con cada párrafo (ver A-D más abajo). Copie las suficientes para repartir dos tarjetas a cada grupo de cinco alumnos. Lleve un puñado de monedas a clase, preferiblemente de poco valor.

EN EL AULA

1. Ponga a los alumnos en parejas y pídales que jueguen a apostar 1000 euros ficticios lanzando una moneda. El primer alumno que obtenga seis «caras» será el ganador.

2. Escriba este texto en la pizarra:

    Juan y su amigo, Pablo, acuerdan que el primero que obtenga cara seis veces ganará.
    Un temblor de tierra interrumpe el juego después de ocho lanzamientos y Juan va ganando por cinco caras frente a las tres de Pablo.
    ¿Qué crees que deberían hacer con los 1000 euros?

3. Agrupe a los alumnos en grupos de cinco. Dé una tarjeta con solución a cada grupo y pídales que discutan la solución sugerida y propongan otras en una lluvia de ideas, después, que escriban estas en una hoja de papel aparte.

4. Dé una segunda tarjeta con solución a cada grupo.

5. Cada grupo elige su solución preferida de entre las dos tarjetas que tienen ahora, y la lee en voz alta a la clase.

6. Termine con una breve sesión de *feed-back* con toda la clase.

SECCIÓN 3 ▸ PRESTAR ATENCIÓN

36 El giro de una moneda

Textos para las tarjetas con soluciones:

A. *Juan obtiene los 1000 €, dado que la apuesta era a todo o nada y él ibu ganando cuando el temblor de tierra interrumpió el juego.*
B. *Cada uno toma la mitad del dinero, ya que el juego resultó no ser una apuesta y este es el modo más amigable de proceder.*
C. *Deberían partir el dinero en proporción al número de caras que obtuvieron. Esto deja a Juan con 5/8 y a Pablo con 3/8 del dinero.*
D. *Si el juego se reiniciara, la única posibilidad de Pablo de ganar sería obtener 3 caras seguidas. La probabilidad de que ocurra esto es de 1 entre 8. Así que Juan debería obtener 7/8 del dinero, dejando a Pablo con 1/8.*

AGRADECIMIENTOS

Debemos esta planificación de lección al matemático francés Pascal; ver página 47 de *A Mathematician Reads the Newspaper* by John Allen Paulos, Basic Books, 1995, Harper Collins.

SECCIÓN 3 ▶ PRESTAR ATENCIÓN

37 Diálogos con el abecedario

CONTENIDO	Expresión escrita de diálogos dentro de una limitación de forma
IM TRABAJADAS	Lingüístico-verbal, intrapersonal e interpersonal
NIVEL	De postprincipiante a intermedio
DURACIÓN	20-30 minutos

PREPARACIÓN

Lleve al aula dos hojas grandes de papel para pegarlas en la pizarra.

EN EL AULA

1. Pida un voluntario que salga a la pizarra y escriba un diálogo con usted. Dígale que escriban la primera línea del diálogo con usted en la parte derecha de la pizarra, mientras que usted escribe con él la primera línea de otro diálogo en la parte izquierda. La primera palabra de ambas frases debe empezar por la letra «A».

2. Cambie de puesto y conteste a la primera línea del otro. (Dígale que le responda de forma simultánea mientras usted contesta). Ambos deben empezar las respuestas con la letra «B».

3. Indique al voluntario que vuelva a su sitio y ponga a los alumnos en parejas. Pida a cada uno de ellos que, siguiendo el modelo descrito anteriormente, utilicen una hoja por separado para que así los miembros de cada pareja escriban un diálogo de forma simultánea. Después, en lugar de cambiar de sitio, el alumno intercambia el papel. La primera línea de cada diálogo ha de empezar por la letra «C». La respuesta ha de empezar por la letra «D» y así sucesivamente. Pídales que escriban seis palabras, para que la última empiece por la letra «H».

4. Pida a tres o cuatro parejas que lean en voz alta sus diálogos.

NOTA

Una restricción arbitraria como la propuesta más arriba a menudo promueve una alta creatividad lingüística.

SECCIÓN 3 ▶ PRESTAR ATENCIÓN

37 Diálogos con el abecedario

VARIACIÓN

Otra «restricción creativa» útil es la de pedir a los alumnos que eviten usar frases afirmativas o negativas y que usen solo preguntas, para que el diálogo quede como sigue:

A: *¿Alguien está listo para irse?*

B: *Bueno, ¿tú qué crees?*

A: *¿Cogemos el coche?*

B: *De eso nada, ¿solo para ir hasta el final de la calle?*

A: *¿Estás seguro? ¿Te das cuenta de cómo es esta calle de larga?*

AGRADECIMIENTOS

La idea principal para este juego la encontramos en la obra de David Crystal titulada *Language Play*, 1998, Penguin.

SECCIÓN 3 ▶ PRESTAR ATENCIÓN

50 Creando un grupo

NOTA

Sugerimos que *no* tenga *feed-back* del grupo completo después del trabajo en grupos de cuatro sobre los malos grupos, puesto que los estudiantes a menudo hablarán de malos profesores… debatir esto con la clase al completo podría ser embarazoso para todos, para ellos y para usted.

Sección 4

Introspección

SECCIÓN 4 ▸ INTROSPECCIÓN

51 Imaginando

«Ahora iremos nosotros», dijo, y salió de nuevo camino arriba por el gran sendero. Hielo, surgido desde la tierra como una capa de glaseado, crujía bajo nuestros pies. La montaña frente a nosotros se acercaba mientras que muy atrás el aullido se convertía en una escasa rendija, mostrando el ramaje primaveral como el filo de un cuchillo de acero, hundido en lo más profundo de sus grietas.

Imagina el sol saliendo sobre la cumbre de la montaña. Experimenta los sentimientos que el chico y su abuelo están teniendo mientras comen sus galletas agrias y la carne de ciervo observando la montaña.

Nos sentamos sobre las hojas, fuera del sendero, justo cuando el primer sol tocaba lo más alto de las montañas atravesando el aullido. De su bolsillo, el Abuelo sacó una galleta agria y la carne de ciervo y observamos la montaña mientras comíamos.

El sol golpeó la cumbre como una explosión, enviando una lluvia de brillos y destellos al aire. El brillo de los árboles helados hería los ojos al mirarlos, y descendía por la montaña como una onda conforme el sol dejaba la sombra de la noche cada vez más abajo.

Visualiza cómo el halcón desciende a toda velocidad la ladera de la montaña y atrapa a la codorniz.

No había nubes pero al principio no vi la mota que llegó sobre el borde de la montaña. Se hizo más grande. Cara al sol, de forma que la sombra no estaba delante de él, el pájaro marchó a toda velocidad montaña abajo, un esquiador en las copas de los árboles, las alas medio plegadas… como una bala marrón… cada vez más rápido, hacia las codornices.

El Abuelo rio entre dientes, «Es el viejo Tal-con, el halcón».

Las codornices se elevaron a toda velocidad entre los árboles –pero una fue más lenta. El halcón golpeó. Volaron plumas en el aire y después los pájaros se posaron en el suelo, la cabeza del halcón arriba y abajo con los golpes mortales. De repente se elevó con la codorniz muerta en sus garras, de vuelta subiendo por la ladera y sobre el borde de la montaña.

Imagina que eres el abuelo de Pequeño Árbol que se da cuenta de que su nieto parece triste porque el halcón ha matado a la codorniz. Céntrate en lo que «tú» estás sintiendo mientras «tú» estás explicando a Pequeño Árbol que este es El Camino.

No lloré, pero sé que miré con tristeza, porque el Abuelo dijo, «no estés triste, Pequeño Árbol. Ese es El Camino. Tal-con atrapó a la lenta y de esta forma la lenta no criará hijos que también serán lentos. Tal-con come un centenar de ratas que comen los huevos de la codorniz –ambos los huevos rápidos y los lentos– y de esta forma Tal-con vive según El Camino. Él ayuda a la codorniz».

«Ese es El Camino», dijo en voz queda. «Toma solo lo que necesitas. Cuando tomes al ciervo, no tomes al mejor. Toma al más pequeño y más lento y entonces el ciervo crecerá más fuerte y siempre te dará carne. Pa-koh, la pantera, lo sabe y así lo debes saber tú».

Y rio, «Solo Ti-bi, la abeja, almacena más de lo que puede utilizar… y por eso el oso la roba, y el mapache… y el Cherokee. Así ocurre con las personas que almacenan y engordan con más de lo que comparten. Se lo quitarán. Y habrá guerras por ello… y tendrán largas charlas, intentando guardar más de lo que comparten. Dirán que una bandera les da derecho a hacerlo… y los hombres

SECCIÓN 4 ▶ INTROSPECCIÓN

51 Imaginando

Imagina que estás de pie junto a la trampa para pavos. Escucha los sonidos que están haciendo los pavos.

morirán a causa de las palabras y de la bandera, pero ellos no cambiarán las reglas de El Camino».

Volvimos sendero abajo, y el sol estaba alto sobre nosotros cuando llegamos a la trampa para pavos. Podíamos oírlos antes de ver la trampa. Estaban allí, engullendo y haciendo sonoros silbidos de alarma.

El Abuelo se estiró en toda su longitud dentro del agujero y sacó un gran y graznante pavo, ató sus patas con una cuerda y me sonrió.

El Abuelo sacó algunos pavos, los colocó fuera sobre el suelo, con las patas atadas. Había seis, y ahora los señaló. «Todos son más o menos de la misma edad, puedes verlo por el grosor de la cresta Solo necesitamos tres, así que ahora elije, Pequeño Árbol».

Imagina que eres Pequeño Árbol. Experiméntate andando alrededor de los pavos y finalmente sacando los tres más pequeños que puedes encontrar.

Anduve alrededor de ellos, desplomándome pesadamente en el suelo. Me puse en cuclillas y los estudié, y anduve de nuevo alrededor de ellos. Tenía que tener cuidado. Me puse a cuatro patas y gateé entre ellos hasta que elegí a los tres más pequeños que encontré.

El Abuelo no dijo nada. Quitó las cuerdas de las patas de los otros y comenzaron a volar, aleteando ladera abajo. Colgó dos de los pavos sobre sus hombros. «¿Puedes llevar el otro?» preguntó.

«Sí, señor», dije, sin estar seguro de haberlo hecho bien. Una sonrisilla apareció en la huesuda cara de El Abuelo. «Si no fueses Pequeño Árbol… te llamaría Pequeño Halcón».

Imagina que eres Pequeño Árbol. Siente el peso del pavo sobre tu hombro mientras sigues a tu abuelo sendero abajo. Observa los dibujos dorados que el sol crea cuando brilla a través de las ramas de los árboles. Escucha al Abuelo tarareando una melodía y siente lo que significa haber aprendido El Camino.

Seguí al Abuelo sendero abajo. El pavo era pesado, pero lo sentía bien sobre mi hombro. El sol se había inclinado sobre la montaña principal y se movía entre las ramas de los árboles cercanos al sendero, formando ardientes figuras doradas por donde andábamos. El viento había parado en esa tardía tarde de invierno y escuchaba al Abuelo, delante de mí, tarareando una melodía. Me habría gustado vivir ese momento para siempre… porque sabía que había agradado al Abuelo. Había aprendido El Camino.

© SGEL - Helbling

SECCIÓN 4 ▶ INTROSPECCIÓN

52 Concentración en el lenguaje

CONTENIDO	Comprensión escrita y expresión oral
IM TRABAJADAS	Lingüístico-verbal, intrapersonal e interpersonal
NIVEL	De intermedio bajo en adelante (el texto del ejemplo es para un nivel intermedio)
DURACIÓN	10 minutos

PREPARACIÓN

Elija una frase o un poema corto; use el ejemplo de la página 100 o uno suyo propio. Haga una copia del poema para cada alumno.

EN EL AULA

1. Si el espacio lo permite, pida a los alumnos que elijan de forma individual un sitio para sentarse en el que nadie les moleste. Si no están acostumbrados a trabajar de manera intrapersonal, puede que quiera sugerirles que se sienten de cara a la pared de la clase.

2. Reparta el texto y pida a los alumnos que lo lean en silencio.

3. Cuando hayan finalizado, explíqueles que escuchar y leer en la segunda lengua es mucho más fácil cuando se entra en un estado de relajada concentración.

   Hoy va a enseñarles una técnica que también pueden encontrar útil antes de un examen. Anímelos a que cierren los ojos durante unos minutos y que tomen aire profundamente varias veces para relajarse. Pídales que se concentren en las sensaciones de su cuerpo, p.ej. ser conscientes de su propia respiración.

4. Pasados unos dos o tres minutos, dígales que abran los ojos y que pongan de nuevo toda su atención en el texto que tienen delante. Propóngales que se centren en el texto con la mente abierta y clara, sin analizarlo.

5. Dígales que no deben preocuparse si se distraen. Si su atención empieza a desviarse deberían simplemente darse cuenta de sus pensamientos, ponerlos con cuidado a un lado y volver de nuevo al texto.

6. Concluya este ejercicio pasados cuatro minutos o hágalo con cada estudiante en silencio para repercutir en su proceso de puesta de atención.

SECCIÓN 4 ▶ INTROSPECCIÓN

52 Concentración en el lenguaje

Luego, comience un debate sobre este tema por parejas, por grupos o con la clase entera.

NOTA

La habilidad de centrar la atención de alguien y enseñar a cómo mantenerla durante un largo periodo de tiempo es una habilidad importante que tienen normalmente las personas con una gran inteligencia intrapersonal. Se trata también de una habilidad cognitiva que los psicólogos reivindican, ya que constituye una importante base para el desarrollo de un determinado número de las llamadas habilidades cognitivas de orden superior, como por ejemplo la categorización o el pensamiento crítico. Véase por ejemplo el excelente libro de Robert Fisher, *Teaching Children to Think*, Stanley Thornes, 1992, Cheltenham.

Magia

Tiene que ser algo mágico,
Si no,
¿cómo puede el día tornarse noche?
Y ¿cómo pueden los barcos de vela
Si no,
Perderse en el horizonte navegando?
Y ¿cómo pueden las avellanas
Estar cubiertas con esa apretada piel?

Sección 5
Autocontrol

SECCIÓN 5 ▶ AUTOCONTROL

60 Mis experiencias, nuestras experiencias

CONTENIDO	Expresión y comprensión oral
IM PROPUESTAS	Intrapersonal e interpersonal
NIVEL	De elemental alto en adelante
DURACIÓN	30-40 minutos

PREPARACION

Una lista de preguntas.

EN EL AULA

1. Diga a los alumnos que preparen como tarea en casa un cartel sobre sí mismos. Puede darles categorías como «Cosas que me gustan», «Sitios que he visitado», «Metas que tengo», «Cosas que hago en mi tiempo libre» o cualquier otra apropiada para sus alumnos. Para hacer los carteles pueden escribir pequeños textos y también añadir dibujos o buscar fotos para ilustrarlos. Recoja los carteles y lléveselos para preparar la lista de preguntas. Cada alumno debe estar representado en al menos una de las preguntas.

   Preguntas ejemplo:

   - ¿Quién ha estado en Madrid?
   - ¿A quién le gustan los gatos?
   - ¿Quien sabe hacer karate?
   - ¿Quién quiere ser traductor?

2. En otra clase ponga los carteles en las paredes del aula. Dícteles un listado de las preguntas o deles una fotocopia.

3. Los alumnos van por el aula leyendo los carteles y buscan la información para responder a las preguntas. Cuando encuentren todas las respuestas, se sientan. Haga a la clase cada una de las preguntas, no tanto con el fin de corregir sino para que cada alumno se vea reconocido.

4. Pídales que encuentren «almas gemelas», personas de la clase que hayan puesto en sus carteles algunos datos similares sobre ellos mismos.

5. Hacen un informe final escrito con los datos encontrados.

SECCIÓN 5 ▶ AUTOCONTROL

60 Mis experiencias, nuestras experiencias

Ejemplo:

Somos Ingrid y John. Hemos viajado a Madrid y allí hemos visitado el Museo del Prado.

6 Haga una puesta en común final en la que los alumnos puedan leer en voz alta o simplemente contar los datos comunes de las almas gemelas identificadas.

SECCIÓN 5 ▶ AUTOCONTROL

61 Excelencia en el aprendizaje de lenguas

CONTENIDO	Expresión y comprensión oral
IM TRABAJADAS	Intrapersonal e interpersonal
NIVEL	De intermedio en adelante
DURACIÓN	30-40 minutos

PREPARACIÓN

Ninguna.

EN EL AULA

1. Pida a sus alumnos que tengan preparado un bolígrafo y un papel, ya que van a trabajar de forma individual durante un periodo de aproximadamente 20 minutos. Deben evitar cualquier contacto con el resto de la clase y llegar a un estado que les permita centrarse en ellos mismos.

2. Anímeles a que piensen en su «mejor momento» a la hora de manejar una lengua extranjera. Este puede referirse a cuando hacían uso del idioma de manera satisfactoria, p.ej.: cuando hablaban con alguien, cuando entendían a alguien que hablaba bastante rápido, cuando leían un libro o un artículo riguroso, o cuando escribían un texto, etc.

   Puede que tenga en su clase alumnos que crean que nunca se han desenvuelto bien dentro de una situación relacionada con el idioma. Pídales que piensen en alguien que conocen que sea verdaderamente bueno con los idiomas y que se imaginen a ellos mismos convirtiéndose en esa persona durante pocos minutos.

3. Pídales que recuerden ese momento lo más intensamente posible. Anímelos a que revivan esa experiencia como si estuviesen viviéndola ahora mismo.

4. Léales en voz alta una a una las siguientes preguntas. Todas las preguntas han de contestarse desde la perspectiva de revivir la experiencia de tener éxito con la lengua extranjera. Pare durante un minuto detrás de cada pregunta, para que tengan suficiente tiempo de reflexionar sobre sus respuestas y que las anoten en un folio.

   - ¿Dónde estás exactamente en este especial momento de tu vida?
   - ¿Qué ves a tu alrededor?

SECCIÓN 5 ▸ AUTOCONTROL

66 Solucionar el bloqueo en la escritura

Los alumnos han comentado a menudo, que tras haber realizado esta actividad les sorprende realmente la longitud y la calidad del texto que han desarrollado durante los dos minutos.

AGRADECIMIENTOS

Tomamos la idea para esta actividad del libro *Anybody Can Write, A Playful Approach: Ideas for the Aspiring Writer, The Beginner, the Blocked Writer*, de Roberta Jean Bryant, 1999, New World Library.

SECCIÓN 5 ▶ AUTOCONTROL

67 Afirmaciones positivas sobre el aprendizaje de idiomas

CONTENIDO	Dictado, expresión escrita
IM TRABAJADAS	Intrapersonal e interpersonal
NIVEL	De intermedio en adelante
DURACIÓN	30-40 minutos

PREPARACIÓN

Ninguna.

EN EL AULA

1. Pregunte a sus alumnos si saben lo que son los placebos. Coménteles que hay estudios que demuestran que los placebos tienen un alto efecto de curación (quizá sorprendente) de más del 30%. Esto se debe a que a pesar del punto de vista químico, los placebos no marcan ninguna diferencia. Pídales que compartan historias sobre alguien al que conozcan muy positivo incluso en situaciones que son complicadas.

2. Anímelos a decir de qué manera las creencias positivas pueden ayudar al aprendizaje de un idioma.

3. Dicte las siguientes frases positivas. Pida a sus alumnos que mientras escriben las frases cambien de la segunda persona a la primera persona del singular. Del mismo modo, pueden cambiar la redacción de las frases así como su contenido mientras mantengan un valor positivo:

- Aprendiste tu lengua materna.
- Por consiguiente, tienes la habilidad para aprender cualquier lengua extranjera que quieras aprender.
- Cada vez tienes más fluidez en español.
- Puedes entender a las personas y expresarte con más facilidad en el idioma extranjero si te centras en la comunicación y en la otra persona y no en el idioma.

Llegados a este punto, deles dos minutos de pausa y pídales que añadan dos o tres pensamientos positivos de su propia elección. Luego, continúe con el dictado:

- Es algo natural y está bien cometer errores. Los errores son un signo de aprendizaje.

SECCIÓN 5 ▶ AUTOCONTROL

71 Yo soy así

CONTENIDO	Expresión escrita y comprensión oral
IM TRABAJADAS	Intrapersonal e interpersonal
NIVEL	De intermedio en adelante
DURACIÓN	50 minutos

PREPARACIÓN

Ninguna.

EN EL AULA

1. Repase con sus alumnos los adjetivos que denotan personalidad y aspecto físico, así como sustantivos sobre aficiones. Esto se puede realizar, por ejemplo, pidiendo a los alumnos que piensen en un familiar, y que señalen un rasgo de personalidad que a ellos les parezca positivo y otro físico de esta persona, así como una de sus aficiones.

2. Divida la pizarra en cuatro columnas -una para el nombre de la persona, otra para un rasgo de personalidad destacado, otra para el comentario sobre su aspecto físico y otra para la afición. Anote lo que los alumnos van diciendo.

3. Pida a los alumnos que tomen una hoja en blanco y escriban en ella su nombre en el centro. Deben añadir también, sin que lo vean los demás, los siguientes datos:
   - en la esquina superior izquierda un rasgo positivo de su personalidad;
   - en la esquina superior derecha un rasgo positivo de su aspecto físico;
   - en la esquina inferior izquierda una afición;
   - en la esquina inferior derecha un rasgo de su personalidad que les gustaría mejorar. (Si son alumnos adultos pueden escribir una faceta del aprendizaje del idioma que necesitan mejorar).

4. Recoja todas las hojas. Extraiga una al azar y dé información como en el siguiente ejemplo: «Esta compañera es simpática… y le gustan sus ojos… Le gustaría mejorar su…». Los alumnos tendrán que adivinar de quién se trata en cada caso.

5. Luego, reparta al azar las hojas a los alumnos para que escriban en ellas más datos sobre la persona a la que se refiere. A partir de estos datos deben crear

SECCIÓN 5 ▶ AUTOCONTROL

71 Yo soy así

una breve descripción con toda la información que conste en la hoja, destacando cualidades positivas de ese compañero. Por ejemplo:

> *«Sam es simpático y alegre. Le gusta su nariz y su afición favorita es la natación. Quiere aprender a ser más ordenado… Además… ».*

6 Para terminar, pida a sus alumnos que lean en voz alta el texto que han escrito y que se lo entreguen al compañero del que se trate.

AGRADECIMIENTOS

Este ejercicio ha sido adaptado de la actividad «Adivina quién eres» publicado por Fernando D. Rubio Alcalá en *Didactired* (2007, Centro Virtual Cervantes). Se trata de una serie de propuestas que se inició con la actividad de reflexión para el profesor titulada «Múltiples formas de enseñar español».

SECCIÓN 5 ▸ AUTOCONTROL

72 Responder de otra forma es posible

CONTENIDO	Expresión escrita y oral
IM TRABAJADAS	Intrapersonal e interpersonal
NIVEL	De intermedio en adelante
DURACIÓN	50 minutos

PREPARACIÓN

Los alumnos deben llevar a clase una transcripción de un diálogo en el que se produzca un enfado entre dos personas.

El profesor lleva a clase una selección de citas que hacen referencia a cómo mejorar la comunicación entre personas. Las siguientes citas pueden servir de ejemplo:

- *Cierra tu boca mientras tu corazón esté cerrado.* PITÁGORAS
- *El objeto de toda discusión no debe ser el triunfo sino el progreso.* Joseph JOUBERT
- *El verdadero significado de las cosas se descubre al tratar de decir lo mismo con otras palabras.* Charles CHAPLIN
- *La herida causada por una lanza se puede curar, pero la causada por la lengua es incurable.* Proverbio árabe

Corte las citas en dos mitades.

EN EL AULA

1. Entregue una mitad de cada cita a los estudiantes y pídales que encuentren la otra mitad.

2. Haga una puesta en común y pida a los alumnos que escriban las frases en la pizarra. Inicie un debate sobre su significado con toda la clase.

3. Recoja las transcripciones de los enfados escritas por los alumnos y repártalas a la clase de tal forma que cada alumno tenga la de otro compañero.

4. En parejas, los alumnos han de encontrar la expresión inicial conflictiva en el diálogo y sustituirla por una positiva creando una conversación que derive en la posibilidad de un acuerdo de ambas partes.

5. Pídales que lean sus diálogos en voz alta y que comenten qué es lo que han hecho decir a uno de sus personajes para que se deshaga el enfado.

SECCIÓN 5 ▶ AUTOCONTROL

73 Mis limitaciones, mis fortalezas

CONTENIDO	Expresión escrita
IM TRABAJADAS	Lingüístico-verbal, intrapersonal
NIVEL	De intermedio en adelante
DURACIÓN	30 minutos

PREPARACIÓN

Nada.

EN EL AULA

1. Pida a sus alumnos que escriban en una hoja lo que consideran que son dificultades que ellos tienen, es decir, algo que les limita y creen que son inconvenientes para lograr algo. Coménteles que no tendrán que decirlas en voz alta.

   Claire, por ejemplo, escribe:
   - Debo estar en casa a las 11.00 de la noche.
   - Tardo 45 minutos en llegar a clase y en volver a mi casa.
   - Debo cuidar por las tardes de mi hermana pequeña.

2. Deles ahora unos minutos para que escriban un listado con sus fortalezas, algo en lo que son realmente buenos.

   Ejemplo:
   - Toco muy bien el piano.
   - Tengo muchos amigos.
   - Soy buena contando cuentos.

3. Escriba en la pizarra la frase: *De las limitaciones surge la mayor fortaleza…*

   Permita que los alumnos manifiesten su acuerdo o desacuerdo con esta frase y que argumenten sus perspectivas.

4. Indíqueles que intenten ahora conectar algunas de sus limitaciones con sus fortalezas personales. Puede pedirles que escriban un párrafo sobre sus reflexiones o simplemente dejarles tiempo para la reflexión.

SECCIÓN 5 ▸ AUTOCONTROL

73 Mis limitaciones, mis fortalezas

El objetivo de esta actividad es que la clase reflexione sobre cómo aquello que se considera como algo negativo a menudo puede tener una consecuencia positiva. Claire, por ejemplo «toca muy bien el piano» y «tiene una buena capacidad para contar cuentos» precisamente por algo que ella cree que es una limitación en su vida. Al quedarse con su hermana por las tardes, la entretiene todos los días con música e historias que ella inventa. Esa práctica diaria le ha hecho ser especialmente buena en esto.

También pueden pensar en cómo usar sus fortalezas para superar sus limitaciones.

Tabla de contenidos

La siguiente tabla, en las páginas 174 y 175, permite al docente encontrar con facilidad las actividades según su adecuación al nivel comunicativo del alumnado. Muestra además en la última columna las inteligencias que se trabajan en el ejercicio propuesto.

TABLA DE CONTENIDOS

PRINCIPIANTE	POST PRINCIPIANTE	ELEMENTAL	INTERMEDIO BAJO	INTERMEDIO	INTERMEDIO AVANZADO	INTERMEDIO ALTO	AVANZADO	IM TRABAJADAS
			1	1	1	1	1	todas
			2	2	2	2	2	intrapersonal e interpersonal
			3	3	3	3	3	musical y cinético-corporal
			4	4	4	4	4	lingüístico-verbal y musical
5	5	5	5	5	5	5	5	lingüístico-verbal y cinético-corporal
				6	6	6	6	todas
						7		lógico-matemática, interpersonal
				8				todas
							9	lógico-matemática
			10					visual-espacial
				11	11	11	11	todas
12	12	12	12					visual-espacial y lógico-matemática
				13	13	13	13	visual-espacial y lógico-matemática
				14	14	14	14	visual-espacial y lógico-matemática
15	15	15	15	15	15	15	15	todas
						16		todas
			17	17	17	17	17	lógico-matemática
			18	18	18	18	18	lingüístico-verbal, visual-espacial y cinético-corporal
			19	19	19	19	19	interpersonal, lingüístico-verbal, visual-espacial y cinético-corporal
	20	20	20	20	20	20	20	lógico-matemática
			21	21				lingüístico-verbal y lógico-matemática
	22	22	22	22	22			lingüístico-verbal e interpersonal
			23	23				lingüístico-verbal e interpersonal
24	24	24	24	24	24	24	24	lingüístico-verbal y cinético-corporal
			25	25	25	25	25	musical y lingüístico-verbal
			26	26	26	26	26	visual-espacial
	27	27	27	27	27	27	27	cinético-corporal y musical
	28	28	28	28				interpersonal y visual-espacial
				29				visual-espacial y lógico-matemática
			30	30	30	30	30	musical, visual-espacial y cinético-corporal
	31	31	31	31	31	31	31	musical, visual-espacial y cinético-corporal
				32	32	32	32	interpersonal e intrapersonal
		33	33	33	33	33	33	interpersonal
			34					lingüístico-verbal
							35	lingüístico-verbal y lógico-matemática
				36	36	36	36	lógico-matemática y cinético-corporal

TABLA DE CONTENIDOS

PRINCIPIANTE	POST PRINCIPIANTE	ELEMENTAL	INTERMEDIO BAJO	INTERMEDIO	INTERMEDIO AVANZADO	INTERMEDIO ALTO	AVANZADO	IM TRABAJADAS
	37	37	37	37				lingüístico-verbal, intrapersonal e interpersonal
	38	38	38	38				interpersonal, lingüístico-verbal, visual-espacial o musical
			39	39	39	39	39	lógico-matemática, interpersonal e intrapersonal
				40				lingüístico-verbal e interpersonal
			41	41	41	41	41	intrapersonal e interpersonal
			42	42				lógico-matemática, interpersonal e intrapersonal
			43	43				intrapersonal e interpersonal
	44	44	44	44	44	44	44	cinético-corporal
				45				lógico-matemática y visual-espacial
			46	46	46	46	46	musical e interpersonal
			47	47	47	47	47	lógico-matemática y visual-espacial
	48	48	48	48				lógico-matemática, interpersonal e intrapersonal
			49	49	49			lingüístico-verbal, visual-espacial y cinético-corporal
		50	50	50	50	50	50	interpersonal
	51	51	51	51	51	51	51	lingüístico-verbal y visual-espacial
				52				lingüístico-verbal, intrapersonal e interpersonal
			53	53	53	53	53	intrapersonal e interpersonal
				54	54	54		cinético-corporal y visual-espacial
			55	55	55	55	55	intrapersonal y visual-espacial
	56	56	56	56	56	56		intrapersonal
	57	57	57	57				lingüístico-verbal, lógico-matemática e intrapersonal
58	58	58	58	58	58	58	58	lingüístico-verbal, musical e intrapersonal
		59	59	59	59	59		intrapersonal e interpersonal
		60	60	60	60	60	60	intrapersonal e interpersonal
			61	61	61	61	61	intrapersonal e interpersonal
			62	62	62	62	62	intrapersonal e interpersonal
			63	63	63	63		intrapersonal y visual espacial
			64	64	64	64		lingüístico-verbal, intrapersonal e interpersonal
			65	65	65	65		lingüístico-verbal, lógico-matemática, interpersonal e intrapersonal
			66	66	66	66		lingüístico-verbal e intrapersonal
			67	67	67	67		intrapersonal e interpersonal
			68	68	68	68		intrapersonal e interpersonal
			69	69	69	69		lingüístico-verbal y lógico-matemática
			70	70	70	70		intrapersonal
			71	71	71	71		intrapersonal e interpersonal
			72	72	72	72		intrapersonal e interpersonal
			73	73	73	73		lingüístico-verbal e intrapersonal